AF451845

MUSÉE DE TROYES

Fondé et dirigé par la Société Académique de l'Aube

NUMISMATIQUE

MONNAIES GAULOISES

CATALOGUE

DESCRIPTIF ET RAISONNÉ

*Précédé d'une Introduction et accompagné de trois Planches
sur lesquelles sont reproduites
plusieurs monnaies faisant partie de la Collection*

Prix : **1** fr.

TROYES

AU MUSÉE, RUE SAINT-LOUP

ET CHEZ TOUS LES LIBRAIRES

1897

CATALOGUE DES MONNAIES GAULOISES

DU MUSÉE DE TROYES

MUSÉE DE TROYES

Fondé et dirigé par la Société Académique de l'Aube

NUMISMATIQUE

MONNAIES GAULOISES

CATALOGUE

DESCRIPTIF ET RAISONNÉ

*Précédé d'une Introduction et accompagné de trois Planches
sur lesquelles sont reproduites
plusieurs monnaies faisant partie de la Collection*

Prix : **1** fr.

TROYES

AU MUSÉE, RUE SAINT-LOUP

ET CHEZ TOUS LES LIBRAIRES

—

1897

Le Musée est ouvert au public

Le Dimanche et les jours fériés, pendant l'été, de une heure
à cinq heures ; et, pendant l'hiver, de midi à quatre heures. — Tous
les jours de la semaine, excepté le lundi, les galeries sont ouvertes
aux étudiants munis d'une carte signée par l'un des Conservateurs.

----

*Les personnes qui voudraient faire des dons au Musée sont priées
de s'adresser à MM. les Conservateurs.*

----

*Conservateur du Musée archéologique et du Musée des Arts
décoratifs :* M. Louis Le Clert, 4, rue Saint-Martin.

MONNAIES GAULOISES

CATALOGUE DESCRIPTIF ET RAISONNÉ

*précédé d'une Introduction
et accompagné de trois planches sur lesquelles sont reproduites
plusieurs monnaies faisant partie de la Collection*

PAR

M. LOUIS LE CLERT

CORRESPONDANT DU MINISTÈRE DE L'INSTRUCTION PUBLIQUE
ASSOCIÉ CORRESPONDANT NATIONAL DE LA SOCIÉTÉ DES ANTIQUAIRES DE FRANCE
MEMBRE RÉSIDANT ET ARCHIVISTE DE LA SOCIÉTÉ ACADÉMIQUE DE L'AUBE
CONSERVATEUR DU MUSÉE ARCHÉOLOGIQUE DE TROYES

AVANT-PROPOS

Ce Catalogue est rédigé dans le même esprit que ceux qu'il nous a été donné de publier jusqu'à ce jour et nous avons fait tous nos efforts pour qu'il présente une description aussi complète que possible des pièces qui composent notre collection. Pour leur classement, nous avons suivi la méthode adoptée par le premier de nos dépôts scientifiques, la Bibliothèque nationale, et c'est le Catalogue de sa collection de numismatique gauloise qui nous sert de référence. Enfin, pour l'attribution de quelques-unes de ces médailles, nous avons eu recours à la science d'un maître dont l'éloge n'est plus à faire, M. Anatole de Barthélemy, si connu de tous pour son extrême bienveillance.

Nous avons voulu, en un mot, que notre Catalogue soit une œuvre de vulgarisation dans la mesure que comporte une publication de ce genre. Nous insistons sur ce point, pour expliquer la présence, dans notre travail, de certains documents dont les érudits n'ont assurément aucun besoin, mais qui seront bien accueillis, nous en sommes convaincu, par ceux des nombreux visiteurs de notre Musée qui nous arrivent avec un véritable désir de s'instruire. Nous espérons leur venir en aide en leur fournissant des indications sommaires que leurs occupations ou leur peu de connaissances en ces matières, ne leur permettraient que difficilement de trouver ailleurs. Il est certain que nous n'avons pas le dessein de donner ici une sorte de traité de la numismatique gauloise ; il ne serait pas à sa place et n'aurait pas raison d'être, vu le peu d'importance de notre collection. Aussi, pour faciliter l'étude de cette science à ceux qui voudraient s'y livrer, nous avons cru bien faire en donnant une liste des principaux ouvrages qui ont été écrits sur cette partie de la numismatique *.

---

* Ouvrages à consulter pour l'étude de la numismatique gauloise :

BARTHÉLEMY (Anatole de). — *Étude sur la numismatique celtique*, 1841.— *L'Art Gaulois*, coins monétaires (Revue archéologique, 1867, p. 316). — *Études sur les monnaies antiques recueillies au Mont-Beuvray* de 1867 à 1872 (Mém. de la Soc. Eduenne, 2e série, t. II, 1873, p. 119 à 174.) — *Légendes des monnaies gauloises* (Revue celtique, t. I, 1871). Autre article sur le même sujet (même Revue, année 1887). — *Étude sur les monnaies gauloises trouvées en Poitou et en Saintonge* (Mém. de la Soc. des Antiq. de l'Ouest, 1874). — *Étude sur les monnaies gauloises découvertes à Jersey en 1875* (Revue num. 1884, p. 117 à 202). — *Monnaies gauloises au type du cavalier* (Revue num. 1884, p. 1 à 12). — *Numismatique de la France, Époque gauloise* (Revue celtique, 1891). — *Essai de classification chronologique de différents groupes de monnaies gauloises* (Revue celtique, 1890, p. 173 à 179, et Comptes rendus de l'Académie des Inscriptions, 1890, p. 43). — *Manuel de numismatique ancienne*, 2e édit., Paris, 1890, avec Atlas.

BIGARNE. — *Note sur la bourgade gallo-romaine de Bolay, près Nuits* (Côte-d'Or), dans les Mém. de la Soc. Eduenne, nouvelle série, t. VII, 1878, p. 381 à 402.

BLANCARD et LAUGIER. — *Iconographie des monnaies du trésor d'Auriol.*

Nous avons aussi un autre devoir à remplir ; nous devons attirer l'attention du public sur nos collections, lui faire connaître tout l'intérêt qu'elles présentent, l'associer à leur développement et l'engager à les enrichir de ses dons, en

---

BLANCARD. — *Le Trésor d'Auriol et les dieux nègres de la Grèce à Marseille.*

CHABOUILLET (A.). — *Mémoires sur le Trésor d'Auriol* (Revue des Sociétés savantes, IVe série, t. X, p. 117 à 127).

CHABOUILLET (A.) et MURET (E.). — *Catalogue des monnaies gauloises de la Bibliothèque nationale*, Paris, 1890, in-4°.

CHANGARNIER-MOISSENET (A.). — *Lettre à M. Ch. Aubertin* (Mém. de la Soc. d'Hist., d'Archéolog. et de Littérat. de l'arrondt de Beaune, 1876, p. 109 à 129). — *Drachmes des Pictavi* (Ann. de la Soc. franç. de numismatique, 1887, p. 345). — *Potins et bronzes des Séquanes, des Eduens et des Eduo-Ségusiaves, variétés de quinaires du chef séquane Q. Doci* (Ann. de la Soc. franç. de num., 1887, p. 536).

COLIN. — *Inscriptions et médailles de Togirix*, 1867.

COURNAULT (Ch.). — *Étude sur les rouelles* (Journal de la Soc. d'archéolog. Lorraine, XIVe vol., 1865, p. 139).

COUTIL (Léon). — *Inventaire des monnaies gauloises du dépt de l'Eure* (Recueil des travaux de la Soc. libre d'Agricult., Sciences, etc., de l'Eure, 1896, p. 207-263).

DEVILLE. — *Essai sur les monnaies gauloises de Rouen* (Mém. de la Soc. des Antiq. de Normandie, t. XI, 1839, p. 60).

DANICOURT (Alfred). — *Sur quelques monnaies gauloises trouvées en Picardie*. Abbeville, in-8°.

DENIS (Aug.). — *Essai sur la numismatiq. de la partie de la Champagne représentée aujourd'hui par le départt de la Marne* (Mém. de la Soc. d'Agricult. Comm., Sciences et Arts du départt de la Marne, années 1870, 1871, p. 133 à 194).

DEROSME (C.). — *Numismatique du Vermandois* (Mém. de la Soc. Acad. de St-Quentin, 4e série, t. XI, 1891 et 1892).

DU CROQ (Théodore). — *Note sur un denier gaulois inédit à la légende Giamilos* (Bull. de la Soc. des Antiq. de l'Ouest, 1877, 1er trimestre).

DU CHALAIS. — *Descript. des médailles gauloises de la Biblioth. nat.*, Paris, 1846.

DUFOUR DE LOCHES. — *Dissertation sur une monnaie gauloise en cuivre des Turons* (TVRONOS-TRICCOS). (Mém. de la Soc. des Antiq. de France, I, 1817, p. 37.)

DUFRESNE. — *Essai de classification et observation sur les rouelles métalliques trouvées au Châtelet* (Meuse).

ENGEL (A.) et SERRURE (R.). — *Répertoire des sources imprimées de la numismatique française.* — 3 vol. in-8°, Paris, Leroux, 1887-1889.

FILLOUX (A.). — *Nouvel essai d'interprétation et de classification des monnaies de la Gaule*, 2e édit., Paris, 1867.

lui faisant bien comprendre qu'une pièce isolée, ou peu accompagnée, n'a qu'une valeur très minime lorsqu'elle gît ignorée dans une collection particulière. Il est vrai que le possesseur de quelques objets antiques, par cela même

Fournerat. — *Notice sur une médaille gauloise trouvée dans le canton d'Ancy-le-Franc* (Médaille des Santons). Bull. de la Soc. des Sciences hist. et nat. de l'Yonne, 1853, p. 253, 256.

Hucher (E.). — *Révision des légendes des monnaies gauloises données par Duchalais* (Mém. de la Soc. de Num. et d'Archéolog., 1re année, p. 1 à 27). — *L'Art gaulois ou les Gaulois d'après leurs médailles.* Paris, Didron, 1868. — *Examen détaillé du trésor d'Auriol* (Mélang. de numismatiq., 1er fascicule, p. 12). — *Lettre à M. le marquis de Lagoy sur la numismatique gauloise* (Bullet. de la Soc. d'Agricult. Sciences et Arts de la Sarthe, 1857).

Jeuffrain (André). — *Essai d'interprétation de quelques médailles muettes des Celtes gaulois,* in-8°, Tours, 1846.

Lamartine (de). — *Mémoire sur quelques médailles* (Mém. de la Soc. des Antiq. de France, t. Ier, 1817, p. 349).

Lagor (marquis Roger de). — *Essai de monographie des médailles gauloises d'argent imitées du type des Dioscures. — Notice sur l'attribution de quelques médailles des Gaules,* Aix, 1837. — *Description de quelques médailles inédites de Massilia, de Glanum, des Cœnicenses et des Auscii.* Aix, 1834.

Lambert (E.). — *Essai sur la numismatique gauloise du N.-O. de la France* (2e édit., 1864, et Mém. de la Soc. des Antiq. de Normandie, t. XIII.)

La Saussaye (L. de). — *Numismatique de la Gaule narbonnaise,* Blois, 1842. — *Mémoire sur les monnaies anépigraphes des Volcæ Tectosages.* (Rev. numismatiq. franç., 1866.)

La Sizeranne (comte F. de). — *Le trésor de Laveyron* (Bullet. de la Soc. Arch. de la Drôme, in-8°).

La Tour (H. de). — *Atlas de monnaies gauloises de la Bibliothèque nationale,* Paris, 1892.

Laugier (J.). — *Les monnaies massaliotes du cabinet des médailles de Marseille,* 1877, in-8°.

Le Lewel (Joachim). — *Études numismatiq. et archéolog. Type gaulois ou celtique.* Bruxelles, 1840, in-8°, 1 atlas.

Le Normand (J.). — *Monnaies et Médailles.* Paris, 1884.

Longpérier (de). — *Note sur la forme de la lettre F dans les légendes de quelques monnaies gauloises* (Revue numismatique, t. V, p. 36, 42). — *Monnaies des Salasses* (Revue num., t. VII, p. 333-347). — *Note sur une monnaie des Lemovices* (Comptes rendus de l'Acad. des Inscriptions, Ve année, p. 25). — *Note sur la terminaison OS dans les légendes de quelques monnaies gauloises* (Rev. num., t. VIII, p. 166-168). — *Note sur les monnaies de plomb d'Alise, de Perthes et de Mont-Berny* (Comptes-rendus de l'Acad. des Inscript., t. VIII,

qu'il a songé à les réunir, s'y attache et tient à les conserver ; mais, pour une satisfaction d'ailleurs assez médiocre, il prive la science des éléments qui lui sont nécessaires, en isolant les uns des autres des documents qui, pour devenir utiles, ont besoin d'être groupés.

Il y a malheureusement beaucoup trop d'objets intéressants qui demeurent enfouis chez des particuliers, sans

p. 273-276). — *Monnaie de plomb de Mediolanum trouvée au mont Berny* (Rev. num., n. s., t. IX, p. 1 à 8). — *De l'Anousvara dans la numismatique gauloise* (Rev. num., n. s., t. IX, p. 333-350).

Maxe-Werly (L.). — *Essai sur la numismatique rémoise*, 1862, in-8°. — *Monnaies gauloises à la légende* Atesos, in-8°, Le Mans, 1875. — *Etude sur les monnaies antiques recueillies au châtel de Boviolles de 1802 à 1874* (Mém. de la Soc. d'Agricult., Commerce, Sciences et Arts du départ* de la Marne, 1874-1875, p. 109 à 181). — *Numismatique rémoise*, 1877. — *Monnaies gauloises inédites*, Paris, 1878 — *Monnaies des Cadurques*, Bruxelles, 1879. — *Monnaies des Pétrocores* (Rev. franç. de numismatiq., 1886). — *Etat actuel de la numismatique rémoise*, Bruxelles, 1889.

Mionnet. — *Description des médailles antiques, etc.* (Supplément).

Plantet (L.) et Jeannez (L.). — *Essai sur les monnaies du comté de Bourgogne, depuis l'époque gauloise jusqu'à la réunion de la Franche-Comté à la France.* Paris, Aubry, 1865.

Pelet. — *Lettres sur les médailles de Nemosus.*

Peghoux. — *Essai sur les monnaies des Arverni*, Clermont, 1857.

Pistolet de Saint-Ferjeux. — *Notice sur les monnaies des Lingons et sur quelques monnaies des Leukes, des Séquanais et des Eduens* (Ann. de la Soc. franç. de Num. et d'Archéolog., t. II, p. 33 à 63, 1867).

Robert (Ch.). — *Numismatiq. de la province du Languedoc* (t. II de l'*Histoire générale de Languedoc*. — *Monnaies gauloises.* — *Descript. de la collect. de M. P. Ch. Robert* (Ann. de la Soc. franç. de Num. et d'Archéolog. 1878).

Rossignol. — *Monnaies des Eduens pendant et après la conquête de la Gaule* (Mém. de la Soc. Eduenne, n. s., t. VIII, 1879, p. 207 à 233).

Saulcy (de). — *Catalog. des mon. gauloises découvertes sur le territoire de la Villeneuve-au-Roi*, 1866. — *Numismatiq. des Eduens et des Lingons* (Rev. archéolog., 1868). — *Numismatiq. des chefs gaulois* (Ann. de la Soc. de numismat., 1867). — *Aperçu général sur la numismatique gauloise* (Rev. archéolog., t. XIII, 3° série). — *Monnaie de Divitiacus*, Paris, 1867.

Voillemier. — *Monnaies de Beauvais*, Beauvais, 1858.

Widranges (de). — *Notice sur les anneaux et les rouelles gauloises*, Bar-le-Duc, 1861.

Nota. — On pourra compléter cette liste en consultant : Ruelle, *Bibliographie générale des Gaulois*, Paris, 1884, in-8°.

utilité pour eux et pour les autres, et dont, le plus souvent, la valeur historique est complètement ignorée par ceux qui les possèdent. Réunis à d'autres produits de l'art ancien dans nos collections publiques, ils rendraient les plus grands services en permettant, par l'étude qu'on en pourrait faire, de jeter quelque lumière sur les premiers temps de notre histoire nationale, qui sont encore bien ténébreux.

J'ajouterai que ces objets, recueillis le plus souvent sans indication de leur provenance et des circonstances de leur découverte, perdent de ce fait une grande partie de leur importance. Dépaysés ensuite par les caprices du hasard, ils n'ont plus qu'une valeur de curiosité, presque toujours très minime et très discutable, en présence des contrefaçons que des faussaires trop nombreux ne craignent pas d'introduire sur le marché des antiquités, et contre lesquelles tout archéologue sérieux a bien soin de se tenir en garde.

La collection des monnaies gauloises du Musée de Troyes est de fraîche date. En 1867, M. Pistollet de Saint-Ferjeux, ayant ouvert une enquête dans le but de dresser une sorte de statistique des monnaies gauloises conservées au Musée de Troyes et chez les divers collectionneurs du département de l'Aube, obtenait de notre vénéré maître et confrère, M. d'Arbois de Jubainville, le renseignement qui suit : « Je n'ai à vous transmettre qu'une réponse négative. On « ne trouve de monnaies gauloises ni à Troyes, ni aux « environs. Ce fait s'explique par cette circonstance qu'à « l'époque celtique Troyes n'existait pas ; Troyes est de « fondation romaine. »

M. l'abbé Coffinet, alors conservateur de notre Musée archéologique, lui écrivait de son côté : « Le Musée de « Troyes ne possède (1867) aucune médaille gauloise « trouvée dans le pays des Tricasses, mais seulement quel-

« ques médailles découvertes à Villiers-le-Bois, c'est-à-dire
« dans le pays Lingon[1]. »

Comme on le verra par notre Catalogue, cet état de
choses s'est modifié, et le Musée de Troyes est aujourd'hui
propriétaire d'un certain nombre de monnaies gauloises
trouvées sur le territoire considéré comme ayant été occupé
jadis par la tribu des Tricasses.

Il en résulte donc un léger démenti infligé, du moins en
apparence, à la lettre de notre éminent confrère ; mais
M. d'Arbois de Jubainville n'est pas de ceux qui s'aven-
turent à la légère ; aussi son affirmation relative aux origines
de Troyes garde toute sa valeur et ne saurait être contro-
versée. Certainement, la monnaie gauloise n'a pas cessé
d'avoir cours dans les premiers temps de l'occupation
romaine ; on la rencontre dans les tombes des gallo-romains
et, disons-le en passant, dans celles-là seulement, les Gaulois ne les employant pas dans leurs inhumations. Il est donc
très vraisemblable que les médailles gauloises trouvées à
Troyes y ont été apportées depuis la fondation de cette ville
par les Romains.

En 1878, M. Gaston Bochot, clerc de notaire à Auxon
(Aube), prématurément enlevé à la tendresse de sa mère et
à la science qu'il cultivait avec ardeur, eut la bonne pensée
de léguer sa collection de monnaies gauloises au Musée de
Troyes. En agissant ainsi, il donnait un excellent exemple
et il emportait la certitude que le fruit de ses recherches et
de ses travaux ne serait pas perdu, mais qu'au contraire
il serait fidèlement conservé et servirait à tous[2].

---

[1] Voyez *Ann. de num. franç.*, p. 59, 1867.

[2] Le legs Bochot était de 142 médailles. Il s'en est trouvé 144 lorsqu'il a été remis au Musée de Troyes. En 1882, Mme Bochot mère a
donné, avec d'autres objets, 12 médailles provenant de la collection
de son fils, ce qui fait un total de 156 médailles, dont il convient de
détacher une monnaie de Libeci qui n'est pas gauloise, mais grecque.
Le legs Bochot figure donc dans la collection des monnaies gauloises
du Musée de Troyes pour un nombre de 155 médailles.

Grâce à lui, notre collection de monnaies gauloises prenait corps. Depuis cette époque, elle s'est augmentée par les dons des particuliers et, tout récemment, par l'adjonction de la petite collection de M. l'abbé Garnier, achetée, avec ses autres monnaies, par la Société Académique, en 1895.

M. l'abbé Garnier, dont tous ses collègues admiraient la vive intelligence, la pénétration d'esprit et les connaissances aussi solides qu'étendues, était un travailleur acharné, que la fatigue n'arrêtait jamais. Il avait placé la numismatique au premier rang des études favorites qui occupaient les trop rares loisirs de son ministère pastoral. Si l'exiguité de ses ressources et de nombreuses charges de famille l'ont empêché de donner à sa collection monétaire l'ampleur qui était dans ses désirs, il se tenait cependant toujours en éveil, à l'affût de toutes les découvertes qui se produisaient dans le département et à la recherche de tout ce qui pouvait être recueilli dans un intérêt scientifique.

C'est à lui, assurément, qu'aurait été départie la tâche dont nous nous acquittons aujourd'hui, et sa plume habile et érudite nous eût donné une œuvre magistrale pour laquelle il était depuis longtemps préparé, si la Providence n'en avait pas disposé autrement. Une maladie aussi terrible qu'imprévue, est venue tout à coup anéantir sa belle intelligence et réduire presque à rien le résultat de tant de veilles et de si laborieuses études. C'est une perte que nous avons vivement ressentie.

Aussi, nous croyons répondre au sentiment de notre Société Académique tout entière, en rendant un dernier hommage à l'un de nos meilleurs travailleurs et en dédiant notre ouvrage, quelqu'imparfait qu'il puisse être,

A LA MÉMOIRE DE MONSIEUR L'ABBÉ ALPHONSE GARNIER,

NOTRE REGRETTÉ CONFRÈRE ET AMI.

Troyes, le 1er mai 1897.

INTRODUCTION

Histoire de la Monnaie gauloise.

L'usage de la Monnaie fut longtemps inconnu des Gaulois ; chez eux, comme chez tous les peuples primitifs, les transactions se faisaient par l'échange, qui tenait lieu de la vente proprement dite.

D'après M. Anatole de Barthélemy[1], on ne peut admettre, comme le supposait M. de la Saussaye, que les Phocéens aient apporté à Marseille l'usage de la monnaie.

En effet, lorsque Euxène aborda en Gaule vers l'an 600 avant l'ère chrétienne, la monnaie commençait à peine chez les Lydiens, qui mettaient en circulation les premiers lingots portant une marque pondérale officielle.

Les pièces de monnaie les plus anciennes trouvées en Gaule, paraissent avoir été frappées dans des villes d'Asie, de Grèce et d'Italie, d'où elles auraient été répandues par le commerce sur le littoral de la Méditerranée.

Elles sont toutes en argent. A cette série appartient un certain nombre de pièces attribuées à Marseille.

Dans le deuxième siècle avant J.-C., les Volcæ Tectosages et les Longostalètes paraissent avoir frappé des monnaies de bronze qui, par leur type et leur fabrication, se rapprochent beaucoup de celles qui ont été émises à Agrigente et à Syracuse vers 280-215.

L'importation en Gaule des premières monnaies d'or remonte à la fin du règne de Philippe II, de Macédoine

---

[1] *Essai de classification chronologique de différents groupes de monnaies gauloises.*

(359-336 avant J.-C.). La découverte des mines d'or de la Thessalie amena sur le marché une grande abondance de ce métal précieux qui se répandit dans tout l'Orient, et les statères d'or de Philippe II devinrent d'un usage général dans le commerce antique.

L'or arriva en Gaule, comme la monnaie d'argent, par le commerce de Marseille, et non pas, comme on l'a dit, à la suite du pillage du temple de Delphes par les Gaulois (280 avant J.-C.). Il est admis aujourd'hui que les Volcæ qui allèrent guerroyer en Orient venaient de Germanie et, en outre, on a constaté que l'on ne trouve pas de statères dans le sol toulousain.

L'or ne vint pas non plus dans la Gaule par la vallée du Danube et la Pannonie, à la suite des migrations gauloises de l'est à l'ouest ; ce qui le prouve, c'est que, dans les pays traversés par les bandes gauloises, on rencontre des imitations des monnaies d'argent grecques, mais pas de statères d'or.

Dès qu'on eut mis en circulation les médailles de Philippe, sur lesquelles étaient d'un côté, la tête d'Apollon, et de l'autre, un bige (char à deux chevaux avec conducteur ou aurige), elles furent trouvées si commodes, qu'on les multiplia en les imitant, d'abord avec soin, non seulement en reproduisant leur flan, concave d'un côté, convexe de l'autre, mais le graveur alla même jusqu'à simuler la légende Φιλιππου des monnaies macédoniennes.

Peu à peu, la fabrication des statères fut moins soignée et leur imitation laissa beaucoup à désirer. La légende au nom de Philippe devint même un assemblage de lettres informes, de traits confus.

Le poids de ces monnaies fut aussi altéré ; il était normalement de 8 gr. 60, d'où il arriva que les Gaulois réalisèrent, dès le principe, un beau bénéfice en frappant des statères du poids de 8 gr. 20 à 8 gr. 40.

C'est au début de ce monnayage que les Eduens émirent
le statère à la lyre renversée, auquel ils substituèrent peu
après (vers 260 avant J.-C.) le statère national à l'épi.
Mais, « la plus ancienne et la plus active fabrication des
« *philippes* gaulois », dit M. A. de Barthélemy [1], « a été
« chez les Arvernes ; il est très probable que c'étaient ces
« pièces que Luern, père de Bituitus, jetait à ses sujets lors-
« qu'au IIe siècle avant J.-C. il sortait pompeusement sur
« son char ».

L'or de ces premières médailles est très pur.

On désigne sous le nom de monnaies gauloises, aussi
bien les espèces frappées avant l'invasion romaine que
celles qui ont été émises dans ce pays, soit par des chefs,
soit par des villes, depuis cette invasion jusqu'à la fin du
règne d'Auguste. On pourrait donc les diviser en deux
classes : les Gauloises autonomes et les Gallo-romaines.

Il y a encore une suite de monnaies qui peuvent être
attribuées avec certitude aux Gaulois, ce sont celles qui
portent les têtes des empereurs dont l'autorité n'a été
reconnue qu'en Gaule, tels que les deux Postume, Tetricus
et Marius. Nous en reparlerons plus tard dans un chapitre
spécial du Catalogue des monnaies romaines du Musée de
Troyes.

Les monnaies gauloises sont en *or* ou en électrum
(alliage d'or et d'argent jadis fort estimé), en argent, en
bronze (alliage de cuivre et d'étain), ou en potin (alliage
de cuivre, de zinc et de plomb ou d'étain). Le potin gris
est formé des lavures que donne la fabrication du laiton,
auxquelles on mêle du plomb et de l'étain.

Comme on l'a vu plus haut, l'argent et l'or ont été les
premiers employés dans le monnayage ; le potin n'a paru
que dans les derniers temps.

---

[1] Ouvrage cité.

Les métaux n'ont pas été également usités dans toutes les régions ; ainsi, pour la Gaule proprement dite, il ne doit y avoir eu dans le sud que des espèces d'argent et de bronze, tandis que l'or et le bronze se rencontrent dans la Celtique.

Dans les monnaies gauloises, les flans (ou feuilles métalliques sur lesquelles on applique l'empreinte des matrices) ont un caractère tout spécial ; ils sont ronds, carrés, triangulaires ou polygonaux. Il y a même une médaille, celle d'Auguste et d'Agrippa, dont le flan a été allongé de manière à présenter la figure de la cuisse d'un animal.

Les potins mis en circulation dans les derniers temps de l'autonomie gauloise sont presque tous fondus et affectent une forme globuleuse qui les rend très reconnaissables. On les fondait plusieurs à la fois et de différents types dans un même moule, comme on a pu le constater par la trouvaille de Buxières. (Voyez Catalog., n⁰ˢ 165, 228, 233, 267, 276, 287.)

M. Maxe-Werly divise le monnayage gaulois en trois époques bien distinctes [1] : 1° Période d'imitation; 2° période de transformation ; 3° période de destruction. Voici, d'après lui, l'histoire du monnayage à ces diverses époques.

La durée de la période d'imitation s'étend de l'an 250 environ à l'an 200 avant J.-C. Dans ce laps de temps, il n'y aurait eu qu'un très petit nombre de peuplades qui émirent des espèces, et ces dernières furent, comme nous l'avons dit, la reproduction des statères macédoniens.

Pendant la période de transformation, qui commence vers l'an 200 avant J.-C. pour finir au moment où les Romains érigèrent en province une partie des Gaules, les ateliers monétaires se multiplièrent à mesure que la civilisation romaine, gagnant du terrain et amenant avec elle

----

[1] Voyez Mémoires de la Société d'agriculture de la Marne, 1874-1875, p. 170.

l'extension des relations commerciales, fit sentir le besoin du numéraire.

Les types copiés jusqu'alors se dénaturèrent rapidement, et le graveur leur donna un caractère particulier par l'adjonction de symboles étrangers aux monnaies qui lui servaient de modèles.

En même temps, on vit le métal s'altérer et le poids diminuer.

Enfin, dans la troisième période, celle de destruction, qui commence vers l'an 118 avant J.-C., pour se terminer au moment du complet asservissement des Gaules, les chefs de ce pays, qui eurent à lutter contre les Romains, frappèrent des monnaies reproduisant soit le type adopté dans leur province, soit celui des monnaies consulaires romaines apportées en Gaule par les événements militaires.

La décroissance du monnayage gaulois s'accentue à mesure que l'influence romaine se fait sentir dans cette région. La monnaie d'or s'altère encore, et le cuivre, remplaçant l'argent, entre en grande quantité dans l'alliage qui la compose.

A cette époque, l'emploi de l'argent est plus fréquent, alors aussi apparaissent les pièces de potin coulées sans légendes, dont la fabrication barbare se continue jusqu'aux derniers temps du monnayage gaulois, c'est-à-dire pendant les premières années du règne d'Auguste.

Les légendes des monnaies gauloises sont en lettres grecques ou latines; les médailles anépigraphes ou sans légendes forment une classe très nombreuse.

De l'attribution des Monnaies gauloises.

Plusieurs peuples gaulois, jouissant de leur autonomie, ont frappé monnaie, et l'attribution qu'on peut leur faire des médailles à légendes, ne présente que peu de difficultés. Il n'en est pas de même pour celles qui sont anépigraphes ; on ne peut déterminer leur attribution d'une manière positive que par l'étude d'un grand nombre de découvertes et par le rapprochement des types divers qu'elles ont fournis.

Les monnaies similaires trouvées plus abondamment et plus particulièrement dans telle ou telle région ou localité, peuvent être, avec raison, considérées comme ayant été émises par la peuplade qui a occupé jadis le territoire sur lequel elles ont été rencontrées.

C'est la connaissance exacte des découvertes monétaires faites dans les divers départements, qui permettra de classer d'une manière définitive un groupe important de médailles dont l'origine est encore plus ou moins incertaine.

État des Monnaies gauloises trouvées jusqu'à ce jour dans le département de l'Aube.

En 1882, M. Philippe Salmon, qui avait eu recours à l'érudition de M. Anatole de Barthélemy, un de nos plus savants numismates, écrivait, dans son *Dictionnaire paléoethnologique de l'Aube* [1], que les monnaies gauloises recueillies jusqu'à ce jour dans ce département « ne per-
« mettent pas de déductions bien précises ; il faut espérer
« que le temps, en multipliant les découvertes, fournira
« de meilleurs éléments d'appréciation.

« La partie méridionale du département de l'Aube, au-
« dessous d'une ligne hypothétique tirée de Bar-sur-Aube à
« la forêt d'Othe, faisait partie de l'ancien territoire lingon ;
« c'est dans cette région que l'on a trouvé les monnaies

---

[1] Pages 182, 183.

« qui sont communes dans la province de Langres (Bar-
« sur-Aube, Coussegrey, Villiers-le-Bois).

« Au nord de cette ligne, on est pour le moment dans
« le vague; les monnaies gauloises y ont été recueillies en
« petit nombre, généralement par groupes très minimes,
« sinon par unités; il faut noter que, hors de l'ancien ter-
« ritoire lingon, on n'a plus rencontré les types remarqués
« dans cette dernière contrée; on n'y a guère trouvé non
« plus les types ordinaires du pays de Reims; *ce sont les*
« *types senons qui paraissent dominer*, mais on ne saurait
« être plus affirmatif, faute d'une quantité suffisante de
« pièces.

« La question est d'ailleurs connexe au Châlonnais,
« dont une partie au nord du pays de Troyes se reliait aux
« Leukes, comme on est autorisé à le croire, et on a
« recueilli des bronzes leukes dans le nord du dépar-
« tement de l'Aube. »

Telle était, au point de vue de la numismatique gauloise, la situation dans notre département en 1882, d'après
les renseignements fournis à M. Anatole de Barthélemy.

Nous avons pensé qu'il serait essentiel, pour donner au
travail que nous publions toute la valeur qu'il comporte, de
rechercher les documents qui se rattachent à cette question
et de savoir si quelque nouvelle découverte n'aurait pas
modifié l'état de choses constaté par MM. de Barthélemy
et Salmon. Dans ce but, nous avons dressé un état, aussi
complet que possible, de toutes les trouvailles de monnaies
gauloises faites jusqu'à ce jour dans notre département.

En exécutant ce travail nous avons, en outre, la satisfaction de répondre à l'appel du Comité archéologique, qui
insère dans les programmes du Congrès des Sociétés
savantes une demande de renseignements sur les découvertes de monnaies gauloises dans chaque arrondissement
ou chaque ville de France.

Monnaies gauloises trouvées dans le département de l'Aube*.

<table>
<tr><td>Lieu de provenance.</td><td>Attribution de peuplade.</td></tr>
</table>

Allibaudières, arrondissement et canton d'Arcis-sur-Aube
    (territoire des Tricasses ou des Catalauni).

    1 *Quart de statère, or.* — B. N., n° 8925.   Incertaine de l'Est.
    Trouvée à Allibaudières, en 1878, dans une ornière, par
      M. Ed. Vérollot.
    Collection de M. GROSDEMENGE, ancien notaire à Troyes.

Arelles, arrondissement de Bar-sur-Seine, canton des Riceys
    (territoire des Lingons).

    1 *Potin anépigraphe*, très effacé. Cheval à gauche.   Senones.
    Collection de M. l'abbé PATRIAT (note fournie par lui).

Arcis-sur-Aube, chef-lieu d'arrondissement (territoire des
    Tricasses ou des Catalauni).

    Nombreux *Potins* du type sénonais attribué aux Tricasses. Tricasses(?).
    Diction. archéolog. de la Gaule, Epoq. celtiq.

Aube (département de l'). — Sans autre indication de pro-
    venance.

    — 2 *Potins.* — B. N., n°ˢ 8124, 8131.   Catalauni.
    1 *Bronze.* — B. N., n° 9245.   Leuci.
    4 *Potins.* — B. N., n°ˢ 7396, 7408, 7417, 7437.   Senones.
    1 *Potin.* — B. N., n° 5267.   Eduens.
    Collection de M. COTTERET, à Troyes. — Leur possesseur
      considère ces monnaies comme ayant été trouvées dans
      l'Aube. Les médailles des Senones auraient été trouvées
      dans la vallée de la Vanne.
    — 1 *Argent.* — B. N., n° 5550 (monnaie de Togirix). Incertaine de l'Est.
    Collection de M. CAMILLE HONNET, de Troyes. — D'après
      M. Honnet, cette monnaie aurait été trouvée dans le
      département de l'Aube. Nous croyons qu'elle vient pro-
      bablement du trésor de la Villeneuve-au-Roi.
    — 1 *Potin.* — B. N., n° 5514.   Sequani.
    4 *Potins.* — B. N., n°ˢ 9044, 9073, 9145, 9248.   Leuci.
    Collection de M. LENFANT DE BANGE, à Romilly.
    — 1 *Bronze.* — N. C., n° 69.   Santons (?).

---

* Pour chacune des monnaies dont le type nous est connu, nous renvoyons
au numéro du *Catalogue de la Collection des Monnaies gauloises de la
Bibliothèque Nationale*, rédigé par MM. Chabouillet et Muret (1889), sous
lequel elle est décrite. — Les lettres N. C. (Notre Catalogue) suivies d'un
numéro indiquent qu'on doit se reporter au numéro correspondant du Catalogue qui fait suite à cette Notice.

1 *Potin*. — N. C., n° 164. — B. N., type analogue au
  n° 7388.   Senones.

1 *Potin*. — N. C., n° 192. — B. N., type analogue au
  n° 8038.   Remi.

2 *Potins*. — N. C., n° 200, 208. — B. N., type analogue
  aux n° 8124, 8153.   Catalauni.

1 *Potin*. — N. C., n° 230.   Incertaine de l'Est.

1 *Potin*. — N. C., n° 236. — B. N., type analogue au
  n° 8351.   Lingons.

1 *Potin*. — N. C., n° 239. — B. N., type analogue au
  n° 8329.   Tricasses (?).

2 *Potins*. — N. C., n° 298, 300. — B. N., type analogue
  aux n° 9078, 9145.   Leuci.

Auxon, arrondissement de Troyes, canton d'Ervy (territoire
  des Tricasses).

1 *Potin*. — N. C., n° 175. — B. N., type analogue au
  n° 7412.   Senones.

1 *Bronze*. — N. C., n° 191. — B. N., type analogue au
  n° 8038.   Remi.

Ces monnaies ont été trouvées sur l'emplacement de l'an-
  cienne station gallo-romaine de Blanum, finage d'Auxon.
  Pour Blanum, voy. le Catalog. des Bronzes du Musée de
  Troyes, n° 4.

Bar-sur-Aube, chef-lieu d'arrondissement (territoire des
  Lingons).

1 *Potin*. — B. N., n° 8343 (type attribué aux Tricasses).
          Incertaine de l'Est.

9 *Potins*. — B. N., n° 9060, 9061, 9093, 9096, 9098,
  9099, 9112, 9114, 9118.   Leuci.

Ces monnaies, trouvées à Bar-sur-Aube, font partie de la
  collection de la Bibliothèque nationale. Le même éta-
  blissement possède un coin monétaire trouvé dans une
  vigne, près de l'emplacement du camp retranché de
  Sainte-Germaine, situé au sommet de la montagne qui
  domine Bar-sur-Aube. Ce coin, qui est décrit sous le
  n° 2396 du Catalogue des bronzes de la Bibliothèque
  nationale, est de forme conique et représente un cheval
  au galop avec des traces de la légende TOGIRIX (nom
  d'un chef séquanais). Il est long de 33^{mm}. — Le denier
  d'argent qui correspond à ce coin se trouve reproduit
  dans l'Atlas des monnaies gauloises de M. H. de la Tour,
  n° 5550. — Voyez N. C., n° 93, et la pl. 1, n° 93. —
  Voy. également le Dict. archéolog. de la Gaule, Époq.
  celtiq., p. 121. — Bullet. de la Soc. des Antiq. de
  France, 1860, p. 44. — Revue archéologiq., 1867,
  p. 350.

Bar-sur-Seine, chef-lieu d'arrondissement (environs de) (territoire des Lingons).

1 *Potin*. — B. N., n° 8329. (Incertaine de l'Est).   Tricasses (?).

1 *Argent*. — Tête nue à gauche ; derrière, S. — R̨. Cheval conduit à gauche, bordure en grenetis. La médaille, mal frappée, ne présente que la partie antérieure du cheval et les rênes. On ne voit ni l'aurige, ni le dessous du cheval.   Incertaine.

1 *Argent*. — B. N., type analogue à celui du n° 4860.   Éduens.

1 *Argent*. — B. N.,   —   —   n° 5275.   Éduens.

1 *Argent*. — B. N.,   —   —   n° 5503. (Q. DOCI SM).   Sequani.

1 *Argent*. — B. N.,   —   —   n° 5329.   Sequani.

1 *Argent*. — B. N.,   —   —   n° 3053.   Volcæ Tectosages.

1 *Argent*. — B. N.,   —   —   n° 8158.   Incertaine de l'Est.

1 *Potin*. — B. N.,   —   —   n° 5401.   Sequani.

Collection de M. PASCALIS, de Bar-sur-Seine (d'après les notes qui nous ont été communiquées par feu M. l'abbé Garnier) Nous croyons que toutes les monnaies d'argent ci-dessus mentionnées, bien que considérées comme ayant été trouvées dans les environs de Bar-sur-Seine, proviennent en réalité du trésor de la Villeneuve-au-Roi.

Beauvoir, arrondissement de Bar-sur-Seine, canton des Riceys (territoire des Lingons).

1 *Argent*. — N. C., n° 216. — B. N., n° 8174.   Incertaine de l'Est.

Boulages, arrondissement d'Arcis-sur-Aube, canton de Méry-sur-Seine (territoire des Tricasses ou des Catalauni).

1 *Potin*. — N. C., n° 282. — B. N., n° 9044.   Leuci.

Bouilly, arrondissement de Troyes, chef-lieu de canton (territoire des Tricasses).

1 *Bronze*. — B. N., n° 8038.   Remi.

Collection de M. Camille HONNET. Trouvée dans une vigne à Bouilly, en 1876, par M. Honnet, oncle du possesseur.

Brantigny, arrondissement de Troyes, canton de Piney (territoire des Lingons (?).

1 *Potin*. — B. N., n° 9044.   Leuci.

Collection de M. Camille HONNET, de Troyes.

Brienne-le-Château, arrondissement de Bar-sur-Aube, chef-lieu de canton (territoire des Lingons (?).

1 *Or*. — B. N., type des n°s 5318 à 5328 (statère).   Sequani.
Collection de M. de SAULCY.

— 1 *Or*. — N. C., n° 312. Statère de la série des *Regenbogen-Schüsselchem*.   Boii.

Buxières, arrondissement de Bar-sur-Seine, canton d'Essoyes
(territoire des Lingons).

1 *Potin*. — N. C., n° 165. — B. N., n° 7388.   Senones.

2 *Potins*. — N. C., n°⁵ 228, 232. — B. N., n°ˢ 8318, 7434.
            Incertaines de l'Est.

3 *Potins*. — N. C., n°ˢ 267, 276, 287. — B. N., n°ˢ 9157,
9044.   Leuci.

1 *Potin*. — N. C., n° 125.   Sequani.

Ces monnaies proviennent de la collection de **M.** l'abbé
Garnier. Il les tenait de **M.** Pascalis, de Bar-sur-Seine.
Elles avaient été trouvées en 1865, au nombre de 18,
dans les travaux exécutés au bief du moulin de Buxières
et présentaient sept types différents, qui paraissent avoir
été coulés dans un même moule, renfermant leurs
diverses matrices. Quelques médailles étaient encore
attachées l'une à l'autre lors de la découverte.

Châtres, arrondissement d'Arcis-sur-Aube, canton de Méry-
sur-Seine (territoire des Tricasses (?).

1 *Potin*. — N. C., n° 174. — B. N., n° 7412.   Senones.
Trouvée à Châtres.

Coursan, arrondissement de Troyes, canton d'Ervy (territoire
des Tricasses).

1 *Potin*. — N. C., n° 176. — B. N., n° 7408.   Senones.

Coussegrey, arrondissement de Bar-sur-Seine, canton de
Chaource (territoire des Lingons).

1 *Argent*. — N. C., n° 222. — B. N., n° 8299.   Incertaine de l'Est.

Dampierre, arrondissement d'Arcis-sur-Aube, canton de
Ramerupt (territoire des Tricasses ou des Catalauni (?).

1 *Electrum*. — B. N., n° 8800.   Treviri.
1 *Potin*. — B. N., n° 8038.   Remi.
1 *Potin*. — B. N., n° 9044.   Leuci.

Ces monnaies ont été trouvées dans un ancien cimetière
situé à l'intérieur du village de Dampierre.

Collection de **M.** Richard, propriétaire et maire à Dampierre.

Landreville, arrondissement de Bar-sur-Seine, canton d'Essoyes (territoire des Lingons).

2 *Potins*. — B. N., n°ˢ 9167, 9155.   Leuci.
1 *Potin*. — B. N., n° 8329.   Tricasses (?).
1 *Potin*. — B. N., n° 8153.   Catalauni.
1 *Potin*. — Tête barbare à gauche. — R. Cheval radié
à gauche.   Indéterminée.

Monnaies trouvées à Landreville.

Collection de M. Estienne, membre associé de la Soc. Acad. de l'Aube, à Landreville.

M. Boutiot signale la découverte, dans ce pays, de nombreux potins gaulois.

Lantages, arrondissement de Bar-sur-Seine, canton de Chaource (territoire des Lingons).

2 *Potins.* — N. C., n⁰ˢ 226, 227. — B. N., n° 6318.

Incertaine de l'Est.

Lirey, arrondissement de Troyes, canton de Bouilly (territoire des Tricasses).

D'après M. Anatole de Barthélemy (cité par M. Ph. Salmon dans le Dict. paléoethnolog. du dép. de l'Aube), on a trouvé sur le territoire de ce village quelques bronzes des Leuci. Leuci.

Mailly, arrondissement et canton d'Arcis-sur-Aube (territoire des Tricasses ou des Catalauni (?).

1 *Potin.* — B. N., n° 9044. Leuci.

Ancienne collection Chantriot, de Troyes.

— 2 *Potins.* — N. C., n⁰ˢ 167, 168. — B. N., n° 7417. Senones.

1 *Potin.* — N. C., n° 127. — B. N., n° 5390. Sequani.

1 *Potin,* — N. C., n° 272. — B. N., n° 9155. Leuci.

Ces monnaies ont été trouvées à Mailly, dans le lieu dit *le Bois-la-Sainte.*

Margerie (Marne). — Ancien diocèse de Troyes, à la limite du département de l'Aube et de l'arrondissement d'Arcis, près Saint-Léger-sous-Margerie (territoire des Tricasses ou des Catalauni (?).

Plusieurs *Potins.* — B. N., n° 8138. Catalauni.

Plusieurs *Potins.* — B. N., n° 9044. Leuci.

Voy. Mém. de la Soc. d'Agricult., etc., de la Marne, 1878.

Ces monnaies ont été trouvées en même temps que des monnaies romaines dans le cimetière franco-mérovingien de Hancourt, hameau dépendant de Margerie.

Mesnil-Saint-Loup, arrondissement de Nogent-sur-Seine, canton de Marcilly-le-Hayer (territoire des Tricasses).

1 *Potin.* — N. C., n° 158. — B. N., n° 7493. Senones.

1 *Potin.* — N. C., n° 301. — B. N., n° 9145. Leuci.

1 *Potin.* — B. N., n° 9078. Leuci.

Ce dernier numéro ayant fait partie de l'ancienne collection de M. Chantriot, de Troyes.

Montiéramey, arrondissement de Troyes, canton de Lusigny
(territoire des Tricasses ou des Lingons (?).

    1 *Argent.* — B. N., n° 5548 (Togirix).   Sequani.

    Ancienne collection de M. Chantriot, de Troyes.

Mussy-sur-Seine, arrondissement de Bar-sur-Seine, chef-lieu
de canton (territoire des Lingons).

    1 *Electrum.* — B. N., n° 8932.   Incertaine de l'Est.

    1 *Potin.* — B. N., n° 9078.   Leuci.

    1 *Potin.* — B. N., n° 8329.   Tricasses (?).

    Les deux premières de ces monnaies ont été trouvées à
Mussy, dans les vignes. La dernière semble provenir du
même finage, mais sans qu'on puisse l'affirmer. Elle a
été donnée à l'instituteur du lieu par des enfants fré-
quentant sa classe.

    Collection de M. Bulland, à Mussy-sur-Seine.

Paisy-Cosdon, arrondissement de Troyes, canton d'Aix en-
Othe (territoire des Tricasses).

    2 *Potins.* — N. C., n°ˢ 275, 281. — B. N., n° 9044.   Leuci.

Pel-et-Der, arrondissement de Bar-sur-Aube, canton de
Brienne (territoire des Lingons).

    1 *Quart de statère, or.* — Tête à droite, chevelure com-
posée de trois rangs de mèches courtes et frisées. —
R. Cheval libre, galopant à droite ; au-dessus, symbole
demi-circulaire paraissant attaché à une hampe que
dessine une légère ligne circulaire pointillée, passant
derrière la queue du cheval. Entre les jambes du
cheval, quadrupède à longues oreilles accroupi.

    A l'exergue, pseudo-inscription composée de cinq points ou
traits verticaux.   Indéterminée.

    Ancienne collection de M. Chantriot, de Troyes.

Plancy, arrondissement d'Arcis-sur-Aube, canton de Méry-sur-
Seine (territoire des Tricasses ou des Catalauni (?).

    1 *Bronze.* — Trois animaux courant en cercle autour d'un
globule central.   Tricasses (?).

    Collection de M. Cottebet, de Troyes.

  — 1 *Potin.* — B. N., n° 8134.   Catalauni.

    Trouvée à Plancy par un sieur Coffinet (note communiquée
par M. l'abbé Garnier).

Pouan, arrondissement et canton d'Arcis-sur-Aube (territoire
des Tricasses ou des Catalauni (?).

    1 *Potin.* — B. N., n° 8134.   Catalauni.

    1 *Potin.* — B. N., n° 9044.   Leuci.

    Ces deux monnaies trouvées à Pouan, par M. Constant
Guillemot.

1 *Potin*. — B. N., n° 7417. Senones.

Cette monnaie a été trouvée à Pouan par M. Gihi-Léault, en 1883.

1 *Potin*. — B. N., type dégénéré du n° 7396. Senones.

Cette monnaie a été trouvée à Pouan, par M. Danton-Pesme.

Toutes ces monnaies sont aujourd'hui déposées à la Bibliothèque populaire de Pouan.

Premierfait, arrondissement d'Arcis, canton de Méry-sur-Seine (territoire des Tricasses ou des Catalauni (?).

1 *Potin*. — B. N., n° 7388. Senones.

Trouvée sur le finage de Premierfait, par M. Gérasime Bernard (note communiquée par M. l'abbé Garnier).

Rigny-la-Nonneuse, arrondissement de Nogent-sur-Seine, canton de Marcilly-le-Hayer (territoire des Senones).

1 *Bronze*. — N. C., n° 178. — B. N., analogue au n° 7717. Meldi.

Romilly-sur-Seine, arrondissement de Nogent-sur-Seine, chef-lieu de canton (territoire des Tricasses).

1 *Bronze*. — N. C., n° 194. — B. N., n° 8038. Remi.

6 *Potins*. — N. C., nᵒˢ 269, 270, 278, 279, 286, 306. — B. N., nᵒˢ 9044, 9155, 9248. Leuci.

Rouilly-Saint-Loup, arrondissement de Troyes, canton de Lusigny (territoire des Tricasses ou des Lingons (?).

1 *Potin*. — N. C., n° 277. — B. N., n° 9044. Leuci.

Saint-Léger-sous-Bréviandes, arrondissement de Troyes, canton de Bouilly (territoire des Tricasses).

1 *Potin*. — B. N., n° 8134. Catalauni.

Trouvée à La Planche, commune de Saint-Léger-sous-Bréviandes, dans une vigne défrichée.

Collection de M. Gustave Huor, propriétaire de la ferme de la Planche, 1887.

Saint-Loup-de-Buffigny, arrondissement de Nogent-sur-Seine, canton de Romilly (territoire des Tricasses).

1 *Bronze*. — N. C., n° 174. — B. N., n° 7068. Aulerci.

2 *Bronzes*. — N. C., nᵒˢ 157, 159. — B. N., n° 7493. Senones.

1 *Bronze*. — N. C., n° 177. — B. N., n° 7617. Meldi.

3 *Bronzes*. — N. C., nᵒˢ 186, 187, 188. — B. N., n° 8038. Remi.

1 *Bronze*. — N. C., n° 207. — B. N., n° 8145. Catalauni.

2 *Potins*. — N. C., nᵒˢ 297, 306. — B. N., nᵒˢ 9078, 9248. Leuci.

1 *Bronze*. — N. C., n° 314. Indéterminée.

Saint-Oulph, arrondissement d'Arcis, canton de Méry-sur-Seine (territoire des Tricasses ou des Catalauni (?).

1 *Bronze.* — B. N., n° 7493,　　　　　　　　　　　Senones.

Trouvée à Saint-Oulph, en 1875, dans le jardin de M. Choiselat,

Collection de M. Henri LEMOINE, employé de la Banque de France.

— 1 *Bronze.* — N. C., n° 193. — B. N., n° 8038.　　　Remi.

Saint-Parres-les-Tertres, arrondissement et 1er canton de Troyes (territoire des Tricasses (?).

1 *Potin.* — B. N., n° 8124.　　　　　　　　　　Catalauni.

Collection de M. Camille HONNET, de Troyes.

Saint-Parres-les-Vaudes, arrondissement et canton de Bar-sur-Seine (territoire des Lingons (?).

1 *Argent.* — N. C., n° 152. — B. N. n° 7191.　　　Calètes.

Thieffrain, arrondissement de Bar-sur-Seine, canton d'Essoyes (territoire des Lingons).

1 *Potin.* — B. N., n° 9044.　　　　　　　　　　Leuci.

Collection de M. BERGER, chef de division à la Préfecture de l'Aube.

M. Berger possède, en outre, trois monnaies des Sequani, du type des n°ˢ 5400, 5406, 5544 du Catalog. de la B. N., et une Incertaine de l'Est, provenant vraisemblablement de la Villeneuve-au-Roi (Haute-Marne) et non pas de la Villeneuve-au-Chêne (Aube), comme on l'a dit à tort pour beaucoup de monnaies semblables.

Trancault, arrondissement de Nogent-sur-Seine, canton de Marcilly-le-Hayer (territoire des Tricasses).

1 *Potin.* — N. C., n° 171. — B. N., n° 7417.　　　Senones.

14 *Argent.* — B. N., types des n°ˢ 7190 à 7196.　　Calètes.

Ces quatorze médailles en argent, à la légende ATEVLA VLATOS, ont été trouvées en 1829 par le sieur Grisier, cultivateur à Charmesseaux, en labourant un champ situé au finage de Trancault, lieu dit la Corberie. Quinze ans auparavant, le même cultivateur en avait déjà trouvé quelques autres du même type, qu'il vendit à un orfèvre de Nogent-sur-Seine. (Voy. Mém. de la Soc. Acad. de l'Aube, 1833, p. 14.)

Troyes (Ville de).

1 *Quart de statère, or.* — B. N., type des n°ˢ 8694 à 8702.　　　　　　　　　　　　　　Incertaine de l'Est.

Collection de M. Camille HONNET, de Troyes.

— 1 *Potin.* — B. N., n° 9078.　　　　　　　　　Leuci.

1 *Potin.* — B. N., n° 7417.　　　　　　　　　　Senones.

1 *Bronze.* — B. N., n° 8040.　　　　　　　　　Remi.

Collection de M. le docteur Ch. Forest, de Troyes. —
M. Forest possède, en outre, dix monnaies gauloises en
argent, provenant certainement de la Villeneuve-au-Roi
(Haute-Marne), et non de la Villeneuve-au-Chêne. Elles
appartiennent aux types n°s 5405 à 5411, 5351, 5550
du Catalog. de la B. N.

————

1 *Bronze*. — N. C., n° 161. — B. N., type analogue au
n° 7535. .... Senones.

2 *Bronzes*. — N.C., n°s 12, 13. — B. N., n°s 1539, 1480. Massaliotes.

1 *Bronze*. — N. C., n° 24. — B. N., n° 2698. .... Nemesates.

1 *Potin*. — N. C., n° 105. — B. N., n° 5401. .... Sequani.

1 *Potin*. — N. C., n° 172. — B. N., n° 7417. .... Senones.

2 *Bronzes*. — N. C., n°s 184, 196. — B. N., n° 8038. Remi.

1 *Potin*. — N. C., n° 199. — B. N., n° 8124. .... Catalauni.

1 *Potin*. — N. C., n° 230. — B. N., n° 8318. .... Incertaine de l'Est.

6 *Potins*. — N. C., n°s 283, 285, 295, 296, 303, 310. —
B. N., n°s 9044, 9078, 9167, 9248. .... Leuci.

La Bibl. nationale possède une monnaie des Catalauni
trouvée à Troyes et décrite sous le n° 8145 du Catalogue.

Verrières, arrondissement de Troyes, canton de Lusigny
(territoire des Tricasses ou des Lingons (?).

1 *Potin*. — N. C., n° 271. — B. N., n° 9155. .... Leuci.

Viâpres-le-Petit, arrondissement d'Arcis-sur-Aube, canton
de Méry-sur-Seine (territoire des Tricasses ou des
Catalauni).

1 *Potin*. — B. N., n° 7412. .... Senones.

Trouvée à Viâpres-le-Petit par M. Vernaud-Noël (note communiquée par M. l'abbé Garnier).

Villechétif, arrondissement et 1er canton de Troyes (territoire
des Tricasses).

1 *Bronze*. — B. N., n° 8329. .... Tricasses (?).

Trouvée en 1873 à Villechétif, dans la propriété de
M. Vignes, par son jardinier.

Collection de M. Camille Honnet, de Troyes.

Villemaur, arrondissement de Troyes, canton d'Estissac
(territoire des Tricasses).

1 *Potin*. — N. C., n° 169. — B. N., n° 7417. .... Senones.

Villenauxe, arrondissement de Nogent-sur-Seine, chef-lieu de
canton (territoire des Tricasses ou des Catalauni (?).

1 *Argent*. — B. N., analogue au n° 2986. .... Volcæ Tectosages.

Ancienne collection Chantriot, de Troyes. — La collection
Chantriot renfermait un certain nombre de monnaies
réputées comme venant de la Villeneuve-au-Chêne, mais

ayant certainement fait partie du trésor de la Villeneuve-
au-Roi (Haute-Marne).

Ville-sur-Arce, arrondissement et canton de Bar-sur-Seine
(territoire des Lingons).

1 *Statère, électrum.* — B. N., nᵒˢ 8922 à 8928.   Incertaine de l'Est.
Tête nue à droite, le cou orné de la collerette dite *feuille
de fougère,* que M. Hucher considère comme propre à
l'est de la Gaule. Dans le champ, sorte de reptile. Le
tout dans un entourage formé de croissants. R̶. Cheval
conduit par un aurige; derrière le cheval, roue; sous le
cheval, deux larges croissants analogues à celui qui
figure sous le cheval de la monnaie portant le nᵒ 8925
du Catalog. de la B. N.
Collection de M. Pascalis, de Bar-sur-Seine (communi-
cation de feu M. l'abbé Garnier).

Villiers-le-Bois, arrondissement de Bar-sur-Seine, canton de
Chaource (territoire des Lingons).

15 *Potins.* — N. C., nᵒˢ 250 à 265. — B. N., nᵒ 9157.   Leuci.
1 *Potin.* — N. C., nᵒ 273. — B. N., nᵒ 9155.   **Leuci.**
1 *Potin.* — N. C., nᵒ 280. — B. N., nᵒ 9044.   Leuci.
Le Musée de Saint-Germain-en-Laye possède une monnaie
en bronze découverte à Villiers-le-Bois. Elle porte le
nᵒ 1936 du catalogue de la collection.

Villiers-le-Brûlé, hameau, commune de Piney, arrondissement de Troyes (territoire des Lingons (?).

1 *Bronze.* — B. N., nᵒ 7518.   Senones.
Potin. — B. N., nᵒ 9044.   Leuci.
Collection de M. Camille Honnet, de Troyes.

————

De l'état qui précède il résulte que :

Le nombre des monnaies gauloises trouvées dans le
département de l'Aube est de 181, dont 157 proviennent
de 48 localités connues et 24 du département sans autre
indication. Elles se répartissent ainsi :

21 pour l'arrondissement d'Arcis ;
13   —   de Bar-sur-Aube ;
49   —   de Bar-sur-Seine ;
38   —   de Nogent-sur-Seine ;

> 36 pour l'arrondissement de Troyes ;
> 24 pour tout le département.

En les classant par peuplades, on compte :

> 68 monnaies des Leuci. — On en a trouvé, en nombre à Bar-sur-Aube, à Lirey et à Margerie ;
> 26 des Senones ;
> 16 Incertaines de l'Est ;
> 15 des Calètes (?). — On en a trouvé plusieurs à Trancault ;
> 12 des Remi ;
> 11 des Catalauni (?). — On en a trouvé plusieurs à Margerie ;
> 9 des Sequani ;
> 6 des Tricasses (?) ;
> 3 Indéterminées ;
> 3 des Edui ;
> 2 des Meldi ;
> 2 des Massaliotes ;
> 2 des Volcæ Tectosages ;
> 1 des Santons (?) ;
> 1 des Lingons ;
> 1 des Boii ;
> 1 des Treviri ;
> 1 des Aulerci ;
> 1 des Nemesates.

Si, tenant compte des divisions géographiques admises jusqu'à ce jour pour l'époque gauloise, on veut savoir quelles sont les monnaies trouvées dans la partie occidentale du département au-delà de la rive gauche de la Seine, généralement considérée comme ayant été habitée par les Tricasses, peuplade dépendante des Senones, voici ce que l'on peut extraire de l'état ci-dessus.

Les territoires d'Auxon, Bouilly, Châtres, Coursan, Lirey, Mesnil-Saint-Loup, Paisy-Cosdon, Rigny-la-Non-neuse, Romilly-sur-Seine, Saint-Léger-sous-Bréviandes, Saint-Loup -de-Buffigny, Saint-Parres-les-Vaudes, Trancault, Troyes et Villemaur, ont livré les monnaies suivantes :

Leuci, 19 ; Calètes, 15 ; Senones, 11 ; Remi, 9 ; Catalauni, 3 ; Meldi, 2 ; Incertaines de l'Est, 2 ; Massaliotes, 2 ; Nemesates, 1 ; Sequani, 1 ; Aulerci, 1 ; Indéterminée, 1.

Dans la partie sud-est du département, que l'on rattache aux Lingons, on a trouvé à Arelles, Bar-sur-Aube, Bar-sur-Seine, Beauvoir, Buxières, Coussegrey, Landreville, Lantages, Mussy-sur-Seine, Ville-sur-Arce et Villiers-le-Bois, les monnaies suivantes :

Leuci, 32 ; Incertaines, 11 ; Sequani, 5 ; Tricasses, 3 ; Senones, 2 ; Edui, 2 ; Catalauni, 1 ; Volcæ Tectosages, 1 ; Indéterminée, 1.

Sur le territoire placé à l'est de la rive droite de la Seine, et que l'on prétend avoir été, pour la partie sud-est, sous la domination des Lingons, et, pour le surplus, sous celle des Catalauni dépendants eux-mêmes des Remi, mais que nous croyons plutôt avoir été occupé, par une peuplade alliée des Leuci, on a trouvé à Allibaudières, Arcis-sur-Aube, Boulages, Brantigny, Brienne, Dampierre, Mailly, Margerie-Hancourt, Montiéramey, Pel-et-Der, Plancy, Pouan, Premierfait, Rouilly-Saint-Loup, Saint-Oulph, Saint-Parres-les-Tertres, Thieffrain, Verrières, Viâpres-le-Petit, Ville-chétif, Villenauxe-la-Grande, Villiers-le-Brûlé, les monnaies qui suivent :

Leuci, 10 ; Senones, 8 ; Catalauni, 3 ; Sequani, 3 ; Tricasses, 2 ; Remi, 1 ; Incertaine de l'Est, 1 ; Volcæ Tectosages, 1 ; Treviri, 1 ; Boii, 1 ; Indéterminée, 1.

Quelle conclusion peut-on tirer de l'ensemble de ces documents? Sont-ils suffisants pour permettre d'attribuer certaines monnaies d'une manière définitive et en même temps pour donner des indications précises sur la répartition de notre territoire à l'époque gauloise entre les différentes peuplades qui sont considérées comme l'ayant possédé?

Nous nous en remettons sur ce point à l'appréciation et à la science des maîtres en numismatique. Nous nous permettrons cependant de faire connaître notre sentiment relativement à nos anciennes divisions territoriales, et nous dirons quelques mots au sujet de certaines monnaies que l'on croit avoir été en circulation chez les Leukes et les Tricasses.

De quelques monnaies attribuées aux Leukes et aux Tricasses.

D'après divers auteurs et la carte des Gaules, le territoire des Tricasses, occupé par une peuplade indépendante, ou réunie en association avec les Autissiodurenses, les Meldi et les Parisii, aurait eu pour métropole, à l'époque celtique, la ville de Sens (*Civitas senonum in primis firma et magnæ inter gallos auctoritatis*, César, *Comm.*, lib. v). Cette opinion a été combattue, notamment par M. d'Arbois de Jubainville (*Rev. archéolog.*, t. III, n. sér. 1861, p. 216. — *Les origines de la Champagne*). D'après lui, les Tricasses étaient les clients des Rhèmes, et non pas des Senones. Dans son système, la Gaule Belgique s'avance au couchant au-delà de la Marne, qui lui est donnée pour limite par César. Elle s'étend jusqu'au pied des montagnes boisées de la forêt d'Othe, placées entre le pays des Tricasses et celui des Senones. On peut objecter qu'en faisant de Troyes une dépendance de la Belgique, on place sur la rive gauche de la Marne le chef-lieu d'une cité belge, mais M. d'Arbois a bien soin de faire remarquer que cet argument tombe de lui-même, si l'on réfléchit qu'à cette époque la peuplade des Tricasses n'était pas érigée en cité, et que la ville de Troyes (*Augustobona, Augusta Trecorum*) n'existait pas.

Peut-être trouverons-nous le moyen de donner raison à tout le monde. Admettons, comme M. d'Arbois, que le Belgium se soit étendu au-delà de la Marne, non pas jusqu'à la forêt d'Othe, mais seulement jusqu'à la Seine; les Tricasses se trouveront alors sous la domination des Senons. Quant au territoire situé sur la rive droite de la Seine, nous le montrerons occupé par une peuplade[1] placée, non sous la tutelle des Lingons (leurs possessions ne s'étendant pas, croyons-nous, plus loin que Bar-sur-Aube), ou sous celle des Rhèmes ou des Catalauni (la région soumise à ces deux peuplades, intimement unies l'une à l'autre, ne dépassant pas les plaines crayeuses qui s'étendent entre Arcis et Sommesous), mais sous la dépendance des Leukes. On ne doit pas oublier que cette bande de terrain, large de 45 à 50 kilomètres, était alors occupée depuis les bords de la Seine, en face de Troyes, jusqu'aux environs de Saint-Dizier, par l'immense forêt du Der, dont la végétation se montrait des plus vigoureuses à cause de la nature du sol composé d'argile néocomienne, de grès vert et de gault. Il est même probable qu'alors toute cette contrée n'avait qu'un très petit nombre d'habitants.

On ne constate la présence de ces derniers que sur les bords des rivières, et c'est à peine si, jusqu'à ce jour, on a pu rencontrer ailleurs les traces d'un de leurs établissements.

Si nous consultons les monnaies trouvées sur le sol de notre département, elles nous donnent raison.

---

[1] Peut-être celle des *Brenenses* ou *Breonenses* dont il est parlé dans Grégoire de Tours et dans la vie de saint Loup.

Les plus abondantes sont celles des Leukes, au type du sanglier-enseigne. M. Maxe-Werly a démontré d'une manière irréfutable (Mém. de la Soc. d'agricult. de la Marne, 1874-1875) qu'il était impossible de ne pas considérer ces médailles comme un type monétaire appartenant à la région du Barrois. Il ne serait donc pas étonnant que les populations Belges, errantes dans l'immense forêt du Der, à la suite des nombreuses bandes de porcs à demi sauvages (le *sus gallicus* si goûté des Romains) qui constituaient leur principale richesse, aient fait un commerce important de leurs porcs avec les Tricasses, et que, par suite de ces transactions, leur monnaie de billon ait pénétré abondamment dans les parties méridionale et occidentale de notre département [1].

L'étude de la monnaie de billon des Leuckes nous suggère l'idée d'un rapprochement qui, nous en sommes étonné, ne s'est pas présenté à l'esprit si perspicace de M. Maxe-Werly, lorsqu'il a publié son remarquable travail sur la monnaie au type du sanglier-enseigne, — rapprochement qui confirme notre opinion relative à la présence des Belges sur les bords de la Seine et de l'Aube. N'y a-t-il pas une grande ressemblance entre la décoration de certains torques, trouvés dans cette région, et celle qui figure sur la traverse placée sous les pieds du sanglier-enseigne ? Nous voulons

---

[1] Nous rappellerons que la première, ou plutôt la plus ancienne, valeur d'échange ayant été le bétail, on payait avec un cheval, un bœuf, un mouton ou un porc, d'où le nom de *pecunia* donné, chez les Romains, à la monnaie (mot dérivé de *pecus*, bétail). Lorsque le bronze fut substitué aux animaux dans les échanges, on l'employa d'abord à l'état de lingots ou de morceaux irrégulièrement découpés (*aes rude*) et qu'il fallait peser à chaque transaction. Plus tard, on imagina de donner aux lingots une forme régulière (quadrangulaire ou circulaire), de les peser une fois pour toutes et de garantir leur poids par une marque (*aes signatum*). Ce fut alors qu'on vit figurer sur la monnaie l'image du bœuf, du cheval, du mouton ou du porc qui avaient servi aux transactions primitives.

parler de ces torques qui portent à l'extérieur une suite plus ou moins nombreuse de demi-annelets parfois surmontés, comme dans la monnaie, d'un autre demi-annelet. (Voyez notre Catalogue des bronzes du Musée de Troyes, nᵒˢ 132, 412, 515, 520, 775 et les notes qui les accompagnent.) Nous devons ajouter que les potins au sanglier-enseigne sont généralement trouvés dans les mêmes localités que les torques auxquels nous les comparons.

S'il est permis d'admettre que la représentation fréquente de certains animaux sur les monnaies d'une peuplade de la Gaule mérite d'être considérée comme un signe distinctif qui lui soit propre, on peut chercher dans l'espèce même de ces animaux une sorte d'indice topographique, qui est parfois tellement précis qu'il fait qu'on attribue, sans crainte, une monnaie à une peuplade, de préférence à une autre.

Par exemple : l'ours, qui recherche les montagnes boisées, ne peut servir d'emblême aux habitants des plaines ; aussi on le rencontre sur la monnaie des Helvètes, et la puissance de la tradition est si forte que ce même animal figure encore, aujourd'hui, sur le blason d'une de leurs villes principales, Berne, capitale de la Confédération suisse.

Le taureau et le cheval sont représentés sur les monnaies des pays de plaines ou de gras pâturages ; on les trouve sur celles des Séquanais, des Eduens, des Mandubiens, des Carnutes, des Turons, des Calètes, etc.

Le porc est parfois allié au cheval sur les médailles des pays de grande culture, tels que ceux des Sequani, des Carnutes, des Aulerci, etc. Il se montre seul, de même que le sanglier, sur les monnaies des pays de bois : chez les Leuci, les Helvètes, les Bretons, etc.

Ce qui précède nous amène à parler de monnaies classées parmi celles des Senons, mais que quelques auteurs attribuent, peut-être avec raison, aux Tricasses. Ces monnaies, qui présentent divers emblêmes, toujours au nombre de trois et pivotant autour d'un point central en relief, nous paraissent offrir, comme les précédentes, des indices topographiques. Sur l'une d'elles, on a cru voir trois chats courant l'un à la suite de l'autre, près de la bordure, autour d'un bouton central en relief. Les trois chats étaient sans doute, dans la pensée de ceux qui en ont parlé, la traduction par le dessin du nom des Tricasses (*tri* — trois, — *casses* — chats ?) C'est une puérilité. Quant au revers de cette médaille, on a prétendu qu'il porte trois poissons (chabots) disposés en cercle. Tel n'est pas notre avis, car, si l'on admet que cette médaille porte des indices topographiques, on doit voir dans les trois animaux courant en cercle non pas trois chats, mais trois bièvres ou castors, antiques habitants des rives marécageuses de la Seine, et des mores, jadis si nombreux dans la Campania Mauripensis, la Basse-Champagne. Leurs jambes courtes, leur large queue en forme de palette, ne ressemblant en aucune façon à celle du chat, ne doivent laisser aucun doute à cet égard. La présence du castor dans la Champagne marécageuse est certaine ; des débris et une mâchoire de cet animal, trouvés dans le tuf de Resson (Aube), ont figuré à l'Exposition des Sciences anthropologiques de Paris, en 1873.

Les trois chabots ou poissons ne seraient, d'après nous, que trois défenses de sanglier. On n'ignore pas que la défense de sanglier fut pour les habitants du Belgium une sorte de signe distinctif de dignité ou de nationalité, une amulette, un porte-bonheur à l'usage des guerriers qui l'emportaient avec eux dans la tombe[1] ; il n'est donc pas invraisemblable que les Tricasses l'aient empruntée, pour

---

[1] Voy. : M. de Mortillet, *Le Musée préhistorique,* nᵒ 1139, Sépulture de Courtavant, découverte par M. Morel ; — M. Salomon Reinach, *Description des bronzes figurés de la Gaule romaine,* p. 255-256, note.

la reproduire sur leurs monnaies, à leurs voisins les Belges,
avec lesquels ils avaient une grande affinité et des rapports
journaliers.

Voilà une dissertation bien longue, et peut-être mal
placée dans un catalogue : on nous la pardonnera, en consi-
dérant qu'il y est question des monnaies de notre pays, et,
en outre, qu'ayant l'occasion d'émettre quelques idées nouvelles (peut-être très discutables, nous en convenons faci-
lement), il eût été pour nous regrettable de ne pas en pro-
fiter.

ABRÉVIATIONS

A.   — Aube.
Ann.   — Annuaire.
Ar.   — Argent.
Bibl. nat.   — Bibliothèque nationale.
Br.   — Bronze.
Catalog.   — Catalogue.
Collect.   — Collection.
Dict.   — Dictionnaire.
Don.   — Donateur.
M.   — Même.
M. Don.   — Même donateur.
Mém.   — Mémoires.
M. Pr.   — Même provenance.
Mon. gaul.   — Monnaies gauloises.
N. C.   — Notre catalogue.
Pl.   — Planche.
Pr.   — Provenance.
Pot.   — Potin.
R.   — Revers de la médaille.
S. A. de l'A. — Société Académique de l'Aube.
S. Pr.   — Sans provenance connue.
Voy.   — Voyez.

NOMS DES DONATEURS

ADMINISTRATION MUNICIPALE DE TROYES (l').

MM. ADNOT (Mme Vve).
ANONYMES.
BAUFFREMONT (le prince Eugène de).
BENOÎT.
BILLON.
BOCHOT (Gaston).
BOSSUAT.
CAMUSAT DE VAUGOURDON.
COULON (Virgile).
DIETTE (l'Abbé).
DUVAL DE FRAVILLE.
FEBVRE.

MM. FLÉCHEY.
FOREST.
FRANÇOIS.
FROMENT (l'Abbé).
GAYOT (Amédée)
GROSDEMENGE.
GUÉNIOT (H.).
JACQUEMIN.
MOREL.
ROUVRAY (DE).
THAVOT.
TRESSE.
VIARD-CLIVOT.

(Voyez la Table des matières.)

CATALOGUE

DES

MONNAIES GAULOISES

DU MUSÉE DE TROYES

NARBONNAISE

Massilia ou Massalia (du celtique *Mag-Salia, l'habitation
salienne,* que les Phokaiens adoucirent en Massalia, d'après
O. Mac Carthy) fut fondée vers l'an 542 avant J.-C. par les
Phocéens. Plus tard, elle fit partie de la Narbonnaise et
devint célèbre par l'étendue et la puissance de son commerce.
Aujourd'hui Marseille (Bouches-du-Rhône).

Trésor d'Auriol (Bouches-du-Rhône).

Métal. Poids.

1. Tête de face.

℞. — Carré creux. Æ., 0 g. 56

Pr. — Collection Bochot, 1878.

Voyez Catalogue des Monnaies gauloises de la Biblio-
théque nationale, n° 48.

2. Tête casquée à gauche.

℞. — Carré creux. Æ., 0 g. 35

Pr. — Collect. Bochot, 1878.

Voy. Catalog. des Mon. gaul. de la Bibl. nat., n° 138. —
Revue des Sociétés savantes, iv° série, t. X, p. 117
à 127. — D'après M. Chabouillet, les pièces d'Auriol
seraient une monnaie fédérale, sans atelier fixe,

frappées tantôt dans une ville, tantôt dans une autre. L'enfouissement de ce trésor aurait eu lieu approximativement à la fin du vi⁰ siècle avant notre ère.

Monnaies d'attribution incertaine analogues à celles d'Auriol.

3. Tête d'Apollon à gauche, imberbe; filet perlé placé perpendiculairement à l'oreille. Le derrière de la tête manque.

℞. — A dans un des quatre rayons d'une roue.   Æ., 0 g. 50

Pr. — Collect. Bochot, 1878.

Voy. Catalog. des Mon. gaul. de la Bibl. nat., n° 600.

4. Tête informe.

℞. — M A dans les rayons d'une roue.   Æ., 0 g. 49

Pr. — Collect. Bochot.

Voy. Catalog. des Mon. gaul. de la Bibl. nat., n° 768.

5. Tête imberbe à gauche. Rien derrière la tête.

℞. — M A dans les rayons d'une roue.   Æ., 0 g. 65

Voy. Catalog. des Mon. gaul. de la Bibl. nat., n° 593.

6. Tête imberbe à gauche. Rien derrière la tête.

℞. — ...A dans les rayons d'une roue.   Æ., 0 g. 58

Pr. — Collect. Bochot, 1878.

Voy. Catalog. des Mon. gaul. de la Bibl. nat., n° 593.

7. Tête imberbe à gauche. Rien derrière la tête.

℞. — M A dans les rayons d'une roue.   Æ., 0 g. 37

Pr. — Collect. Bochot, 1878.

Voy. Catalog. des Mon. gaul. de la Bibl. nat , n° 594.

8. Tête de Diane à droite diadémée et pharétrée.

℞. — ΜΑΣΣΑ. Lion à droite. — Entre les pattes de derrière, ΒΙ; sous le ventre, Κ; à l'exergue, ΛΙΙΓΤ.   Æ., 2 g. 60

Pr. — Collect. Bochot, 1878.

Voy. Catalog. des Mon. gaul. de la Bibl. nat., n° 1291.

9. Tête de Diane diadémée et pharétrée à droite. Sur le carquois, les lettres A M couchées sur le côté et opposées l'une à l'autre par les pieds.

Ŗ. — ΜΑΣΣΑ. Lion à gauche, une des pattes de devant levée. Sous le ventre, Λ. L'exergue manque; il paraît avoir dû porter la légende ΛΙΗΤ. Æ., 2 g. 65

Pr. — Collect. Bochot, 1878.

Voy. Catalog. des Mon. gaul. de la Bibl. nat., n° 1156, dont cette monnaie est une variante.

10. Tête à droite, cheveux longs et frisés en **S**; pendant d'oreille; collier en grenetis.

Ŗ. — Lion à droite; au-dessus, ΜΣΣΑ. Travail barbare. Æ., 2 g. 69

Pr. — Collect. Bochot, 1878. Achetée par lui à la vente Fouray de Boisselet, le 14 mars 1877.

Voy. Catalog. des Mon. gaul. de la Bibl. nat., n° 800.

11. Tête d'Apollon à droite; derrière, canthare.

Ŗ. — Taureau passant, la tête contournée et couronné par la Victoire. Pot., 6 g. 67

Pr. — Collect. Bochot, 1878. Achetée par lui à M. Laval, d'Auxou.

Voy. Catalog. des Mon. gaul. de la Bibl. nat., n° 1475 à 1550.

12. Tête laurée d'Apollon, à gauche.

Ŗ. — Le taureau cornupète couronné par la Victoire; à l'exergue, ΜΑΣΣΑΛΙΗΤ. Br., 11 g. 35

Pr. — Trouvée à Troyes.

Voy. Catalog. des Mon. gaul. de la Bibl. nat., n° 1539.

13. Tête laurée d'Apollon, à gauche.

Ŗ. — Taureau cornupète; au-dessus, un épi placé horizontalement; et, à l'exergue, ΜΑΣΣΑΛΙΗ. Br., 12 g. 56

Pr. — Trouvée à Troyes.

Voy. Catalog. des Mon. gaul. de la Bibl. nat., type du n° 1480.

14. Tête d'Apollon, à gauche.

Ŗ. — Taureau cornupète (presque effacé). A l'exergue, ΜΑΣΣΑΛΙΗ. Br., 14 g. 43

Pr. — Collect. Bochot, 1878,

Voy. Catalog. des Mon. gaul. de la Bibl. nat., n° 1494.

15. Tête de Minerve casquée, à droite.

℟. – MA, à gauche d'un trépied.   Br., 5 g. 70

Pr. — Collect. Bochot, 1878.

Voy. Catalog. des Mon. gaul. de la Bibl. nat., n° 1890.

16. Tête laurée à droite. Mèche de longs cheveux tombant sur l'épaule.

℟. — ΜΑΣΣΑ, au-dessus d'un taureau cornupète; à l'exergue. ΛΙΑ.   Br., 1 g. 93

Pr. — Collect. Bochot, 1878.

Voy. Catalog. des Mon. gaul. de la Bibl. nat., n° 1742.

17. Tête laurée, à gauche.

℟. — ΜΑΣΣΑ. Taureau cornupète à droite; à l'exergue, ΛΙΗΤΩΝ. Cordon en grenetis. Belle patine verte.   Br., 1 g. 85

S. Pr.

18. Tête de lion à droite, la langue pendante.

℟. — Griffon passant à droite. Sous le ventre, M. Autour de la pièce, cordon perlé.   Br., 2 g. 20

S. Pr.

19. Tête d'Apollon à droite.

℟. — ΜΑΣΣ... Taureau cornupète à droite. A l'exergue, ΚΑΛ.   Br., 2 g. 10

S Pr.

20. Tête d'Apollon à droite.

℟. — Taureau cornupète à droite. A l'exergue, ΜΕΝ...   Br., 3 g. 05

S. Pr.

Voy. Catalog. des Mon. gaul. de la Bibl. nat., n°ˢ 2700 à 2706.

VOLCÆ

A une époque incertaine, une masse considérable de Belges (Bolghs ou Volks) traversa toute la Gaule du nord au sud et vint occuper la région qui s'étend des Pyrénées au Rhône, entre la Garonne, le plateau des Cévennes et les rivages du Sinus gallicus (le golfe du Lion). Ils formèrent deux grandes tribus : les Volks des vallées (Bolghs Arwcmikes ou Volcæ Arecomici), qui habitaient à l'est, et les Volks issus du dieu *Teutsagen* (Bolghs Teutsagen ou Volcæ Tectosages), qui occupaient l'ouest. Le territoire des premiers était limité par le Rhône, l'Orbe et la rivière de Béziers; il correspond aux départements du Gard et de l'Hérault. Leurs villes principales étaient *Nemosus* (Nîmes), *Ugernum* (Beaucaire) et *Ucetia* (Uzès).

Les Volcæ Tectosages occupaient l'espace compris entre l'Orbe et la Garonne. Ils avaient pour cités principales *Tolosa* et *Narbo* (Toulouse et Narbonne). Leur territoire correspond à celui des départements de la Haute-Garonne, de l'Ariège et de l'Aude. Quelques auteurs considèrent leur nom comme dérivé du latin *tectus sago* (couvert de la saie).

Volcæ Arecomici.

21. Tête d'Apollon laurée à gauche.

℞. — VOL, au-dessous d'un cheval en course, à gauche; au-dessus, rameaux garnis de baies.   Æ., 2 g. 30

Pr. — Collect. Bochot, 1878.

Voy. Catalog. des Mon. gaul. de la Bibl. nat., n° 2628.

22. *Idem.* Pièce fourrée.   Æ., 2 g. 55

Pr. — Collect. Bochot, 1878.

23. VOLCA(E). Buste de Diane à droite; devant, couronne de laurier.

℞. — AREC. Demos, debout à gauche, vêtu de la toge; devant, rameau. Belle patine verte.   Bn., 1 g. 42

Pr. — Collect. Bochot, 1878.

Voy. Catalog. des Mon. gaul. de la Bibl. nat., n° 2662.

Nemausus colonia.

Il paraît que cette colonie aurait été fondée par les Phéniciens. Sous les Romains, elle a fait partie de la première Narbonnaise. Cette province, qui figure parmi les quatre grandes divisions de la Gaule, s'étendait des Pyrénées aux sources du Rhône entre les Alpes, les Cévennes, la Garonne et les rivages de la mer Ligustique.

24. Tête d'Apollon laurée à gauche.

    ℞. — Sanglier en course à gauche, avec NAMA.   Br., 2 g. 20

    Pr. — Trouvée à Troyes.

    Voy. Catalog. des Mon. gaul. de la Bibl. nat., n° 2698.

25. IMP. Têtes jeunes adossées d'Octave et d'Agrippa. Au-dessous (..?).

    ℞. — COL NEM. Crocodile à droite, adossé à un palmier orné de bandelettes; deux rejetons poussent à la tige.   Br., 11 g. 28

    Pr. — Collect. Bochot, 1878.

    Voy. Catalog. des Mon. gaul. de la Bibl. nat., n° 2776.
    On pense que le crocodile enchaîné est une allusion à
    la conquête de l'Egypte par Octave.

26. *Idem.*   Br., 9 g. 54

    S. Pr.

27. *Idem.*   Br., 11 g. 10

    S. Pr. — Donné par M. Virgile Coullon, 1892.

28. *Idem.* Imitation barbare.   Br., 10 g. 08

    S. Pr.

29. IMP. Têtes jeunes adossées d'Agrippa, avec la couronne rostrale, et d'Octave, laurée; au-dessous, DIVI F.

    ℞. — COL NEM. Crocodile enchaîné au palmier.   Br., 8 g. 40

    S. Pr.

Voy. Catalog. des Mon. gaul. de la Bibl. nat., n° 2797. La
couronne placée sur la tête d'Octave rappelle la couronne civique qui lui fut accordée l'an 727 de Rome.

30. *Idem.* Br., 9 g. 50
S. Pr.

31. *Idem.* Br., 12 g. 75
S. Pr.

32. *Idem.* Br., 12 g. 60
S. Pr.

33. *Idem.* Br., 13 g. 10
S. Pr.

34. IMP. Têtes adossées d'Octave et d'Agrippa,
l'une laurée, l'autre avec la couronne rostrale ;
les traits sont plus âgés. Dessous, DIVI F ;
à droite et à gauche, P.

℞. — COL NEM. Crocrodile enchaîné à un
palmier auquel sont appendues une couronne
et des bandelettes. Deux rejetons partent de
la tige. Br., 13 g. 45

Pr. — Collect. Bochot, 1878.

Voy. Catalog. des Mon gaul. de la Bibl. nat., n° 2837.
M. de la Saussaye explique par les mots Parens, Pa-
tronus, ou Parentes, Patroni, les deux P qui accostent
les effigies d'Octave et d'Agrippa.

35. *Idem.* Br., 13 g. 28
S. Pr.

36. *Idem.* Br., 12 g. 70
S. Pr.

37. *Idem.* Br., 12 g. 32
S. Pr.

38. *Idem.* Br., 12 g. 61
S. Pr.

39. Buste casqué à droite ; collier de barbe ;
derrière la tête, S.

R̊. — NEM COL. La colonie sacrifiant.   Br., 1 g. 85

Pr. — Collect. Bochot, 1878.

Voy. Catalog. des Mon. gaul. de la Bibl. nat., n° 2729,
Selon M. de Lagoy, la lettre S serait l'indice de la
valeur monétaire, du *Senis*.

Volcæ Tectosages.

Les monnaies primitives des Volcæ Toctosages étaient
rondes et régulières, pesant 3 gr. 50 centigr.; plus tard, ce ne
furent que des pièces quadrangulaires irrégulières pesant
environ 2 gr. 30 centigr. (Hucher, *L'Art gaulois*, p. 22.)

40. Tête de nègre, à gauche.

R̊. — Croix cantonnée de quatre croissants
recouvrant trois points et un annelet.   Æ., 1 g. 85

Pr. — Collect. Bochot, 1878.

Voy. Catalog. des Mon. gaul. de la Bibl. nat., n° 2986.—
Revue numis. franç., 1866, p. 389 et, 1867, p. 1.

41. Tête barbare, à gauche.

R̊. — Croix cantonnée d'une hache, d'......,
d'une olive et d'un annelet.   Æ., 2 g. 67

Pr. — Collect. Bochot, 1878.

Voy. Catalog. des Mon. gaul. de la Bibl. nat., n° 3256.

42. Tête à droite.

R̊. — Croix cantonnée de trois besants et d'une
hache.   Æ., 2 g. 97

Pr. — Collection Bochot, 1878.

Voy. Catalog. des Mon. gaul. de la Bibl. nat., n° 3053.
M. le baron de Crazannes attribue aux Sotiates la
série des monnaies à laquelle appartient celle-ci.

43. Tête à gauche; devant, deux poissons.

R̊. — Croix cantonnée de trois points et d'une
hache.   Æ., 3 g. 45

Pr. — Collect. Bochot, 1878.

Voy. Catalog. des Mon. gaul. de la Bibl. nat., n° 3104.

Tolosates.

(Cette peuplade dépendait des Volcæ Tectosages).

44. Tête de femme à gauche ; devant la bouche,
deux poissons.

℞. — Croix cantonnée de deux olives, d'un
annelet et d'une hache, recouverts par des
croissants.   Æ., 3 gr. 50

Pr. — Collect. Bochot, 1878.

Voy. Catalog. des Mon. gaul. de la Bibl. nat., n° 3132.

45. Tête à gauche.

℞. — Sanglier à gauche entre deux points centrés.   Æ., 2 g. 20

Pr. — Collect. Bochot, 1878.

Voy. Catalog. des Mon. gaul. de la Bibl. nat., n° 3433.

46. Tête à gauche.

℞. — Croix cantonnée d'une hache à manche
perlé, d'une roue perlée et de..... ?   Æ., 2 g. 19
S. Pr.

Analogue au n° 3472 du Catalog. des Mon. gaul. de la
Bibl. nat.

47. *Idem.*   Æ., 2 g. 15

Pr. — Collect. de M. l'abbé Garnier, 1895. —
Trouvée à Goutrens, arrondissement de
Rodez, canton de Rignac.

En 1867, un paysan, qui défrichait un terrain près de
Goutrens, trouva un trésor composé de 1.500 pièces
gauloises et de 4 kilog. de lingots d'argent. Ce trésor fut acheté par M. Anglade, bijoutier à Rodez, qui
jeta au creuset presque tous les lingots. Quelques lingots restants et 26 pièces ont été achetés par M. l'abbé
Cochet pour le Musée de Rouen.

On a trouvé des pièces semblables à celles-ci dans l'Aude,
dans l'Aveyron et jusque dans la Charente.

Voy. *Ann. de la Société franç. de num. et d'arch.,*
t. III, 3e partie, 1870, p. 372-373.

ELUSATES

On désignait sous ce nom une tribu des Aquitani, habitant au nord des Ausci, et dont le chef-lieu était *Elusa*, ancienne ville qui a laissé quelques ruines à Cieutat, près d'Euse ou Eause, dans la partie nord-ouest du département du Gers.

48. Tête informe. Flan convexe.

 ℞. — Cheval à gauche. Flan concave. Æ., 3 g. 08

 Pr. — Collect. Bochot, 1878.

 Voy. Catalog. des Mon. gaul. de la Bibl. nat., n° 3587.

LUGDUNENSIS

Cette province était une des quatre grandes divisions de la Gaule, entre la Belgique et l'Aquitaine. Elle avait pour limites une ligne tirée de l'embouchure de la Bresle à l'extrémité nord du Jura ; le Jura, le Rhône jusqu'à Lyon et la Loire de l'intersection du 45° 20', jusqu'à son embouchure.

49. III VIR RPC. Tête de la Victoire jeune, ailée, à droite.

 ℞. — ANTONI IMP A... Lion à droite. — Quinaire. Æ., 1 g. 47

 Pr. — Collect. Bochot, 1878.

 Voy. Catalog. des Mon. gaul. de la Bibl. nat., n° 4651.

50. Tête ailée, à droite, de Fulvie sous les traits de la Victoire.

 ℞. — ...NAO....XL.... Lion à droite. Æ., 1 g. 48

 Pr. — Collect. Bochot, 1878.

Allobroges.

Peuplade de la Narbonnaise entre le Rhône et l'Isère. Elle avait pour capitale *Vienna* (Vienne); *Genova* (Genève), *Gra-*

tianopolis (Grenoble) étaient ses villes principales. Son territoire correspond à la Savoie et aux parties septentrionales
des départements de l'Isère et de la Drôme (ancien Dau-
phiné).

51. Tête d'Apollon laurée, à gauche.

    ℞. — IANAS. Cheval à gauche ; dessous, roue
       en grenetis.   Æ., 2 g. 17

    Pr. — Collect. Bochot, 1878.

    Voy. Catalog. des Mon. gaul. de la Bibl. nat., n° 2901.

CELTIQUE

Arvernes.

Cette nation habitait les montagnes qui couvrent le centre
de la Gaule et que dominent les sommets volcaniques du Puy-
de-Dôme. Ils avaient pour voisins au midi les Rutènes, à
l'ouest les Lemovices, au nord les Bituriges-Cubi, et à l'est
les Segusiani et les Vellavi. Ce pays, connu sous le nom
d'Auvergne, comprend les départements du Cantal et de la
Haute-Loire, du Puy-de-Dôme et de l'Allier.

52. Tête d'Apollon laurée, à droite.

    ℞. — ΦΙΛΙΠΠΟΥ. Bige à droite. Sous les chevaux,
       tryskèle ; au-dessous, un foudre. — Imita-
       tion des statères de Macédoine.   Or, 7 g. 40

    Pr. — Collect. Camusat de Vaugourdon.

    Voy. Catalog. des Mon. gaul. de la Bibl. nat., n° 3627.

53. Tête imberbe, nue, à gauche.

    ℞. — VERC(INGETORIXS). Cheval à gauche ;
       dessous, amphore ou *diota* que Duchalais a
       regardé le premier comme un *athlen* ou prix
       de victoire.   Or, 7 g. 25

    Pr. — Collect. Camusat de Vaugourdon.

    Voy. Catalog. des Mon. gaul. de la Bibl. nat., n° 3772.

54.   Tête d'Apollon laurée, à droite.

℞. — Aurige dirigeant un cheval à droite;
dessous, Æ. Quart de statère.   Or, 1 g. 90

Pr. — Collect. Bochot, 1878.

Voy. Catalog. des Mon. gaul. de la Bibl. nat.

55.   (EP)AD. (*Epasnactus*). Buste jeune, imberbe. Tête casquée à droite, le casque lauré,
orné d'une crista.

℞. — Guerrier debout, tenant de la main droite
une enseigne militaire munie de deux ailes;
de la gauche, un bouclier rond et une lance.
Son épée, soutenue par un ceinturon, passé
derrière le bouclier. Casque dans le champ.
Pièce mal frappée.   Æ., 1 g. 92

Pr. — Collect. Bochot, 1878.

Voy. Catalog. des Mon. gaul. de la Bibl. nat., nᶜ 3900. —
Hucher, *L'Art gaulois*, t. Iᵉʳ, pl. 3, nᵒ 2. — Lelewel,
pl. vi, nᵒ 2.

56.   EPAD. (*Epasnactus*). Buste jeune, imberbe,
casqué, à droite.

℞. — Guerrier debout, tenant une enseigne, un
bouclier et une lance.   Br., 2 g.

Pr. — Collection Bochot, 1878.

Voy. Catalog. des Mon. gaul. de la Bibl. nat., nᵒ 3913.

On ne saurait trop répéter l'histoire d'Epasnactus et
vouer à l'exécration sa mémoire ainsi que celles de
tous ceux qui lui ressemblent. Ce misérable chef
arverne eut l'infamie de livrer aux Romains Luctérius, généreux citoyen, qui, avec Drapès, luttait en
désespéré contre César après la chute d'Alesia et la
mort de Vercingétorix. C'était ce qu'on appelle un
homme habile, un de ces fins politiques, un de ces
lâches qui savent qu'il faut, autant que possible, se
mettre du côté du vainqueur. Pour flétrir l'action de
ce traître, il suffit de rapporter les éloges que lui
inflige le vainqueur : « *C'était un Arverne grand
ami du peuple romain; aussi, sans la moindre
hésitation, il livra Luctérius garotté à César.* »
(8ᵉ livre de la guerre des Gaules.)

57. Tête laurée à gauche.

℞. — Cheval marchant au pas; crinière en
grenetis.   Æ., 2 g. 30

Pr. — Collect. Bochot, 1878.

58. Tête barbare à gauche.

℞. — Animal courant à gauche, la queue contournée en S.   Bʀ., 5 g. 10

Pr. — Saint-Loup-de-Buffigny, 1868. — Acquisition.

Voy. Catalog. des Mon. gaul. de la Bibl. nat., n° 3969.

PETROCORII

Peuple de l'Aquitaine habitant entre les Santones, les
Lemovices, les Cadurci et les Nitiobriges. Leur territoire a
formé l'ancien Périgord, aujourd'hui département de la Dor-
dogne. Ils avaient pour ville principale *Vesunna* ou *Petrocorii*
(Périgueux).

59. CONTOVTOS. Tête nue à droite, de Marc-
Antoine.

℞. — Loup marchant à droite, la patte droite
sur un bucrâne; derrière, un arbre. (Nom
généralement écrit CONTOVTOS.)
                              Cuivre jaune, 1 g. 74

Pr. — Collect. Bochot, 1878.

Voy. Catalog. des Mon. gaul. de la Bibl. nat., n° 4321.
Gourgue, *Revue numism. franç.*, 1841, p. 184.

Cette monnaie est attribuée aux Pictons par M. Charles
Robert (Catalogue raisonné de sa collection, p. 44).
M. A. de Barthélemy et A. Changarnier la laissent aux
Santons, parce qu'elle est abondante à Saintes et dans
les environs, et qu'il est très probable qu'elle appar-
tient à un chef santon.

60. ATECTORI. Tête nue à droite.

℞. — Taureau à droite; au-dessous, cercle centré, en grenetis; au-dessus, fleuron et grenetis dans le champ.   Bʀ., 1 g. 22

Pr. — Collection Bochot, 1878.

Voy. Catalog. des Mon. gaul. de la Bibl. nat., n° 4344.
Revue numismatique française, 1838, p. 77 ; 1851,
pl. XVI, n° 6. — Lelewel, pl. IX, n° 24. — Hucher,
L'Art gaulois, p. 141.

PICTONS

Peuple de l'Aquitaine, entre les Bituriges-Cubi, les Lemo-vices et l'Océan, au nord des Santones et au midi du cours inférieur de la Loire. Sa capitale était *Limonum* (Poitiers). Son territoire a formé l'ancien Poitou et les départements actuels de la Vendée, des Deux-Sèvres, de la Vienne, et une partie de ceux du Maine-et-Loire et de la Loire-Inférieure.

61. Tête à droite, les cheveux divisés en grosses
     mèches.

℞. — Cavalier ailé en marche à droite ; dessous,
     fleuron.   Æ., 2 g. 80

Pr. — Collect. Bochot, 1878.

Voy. Catalog. des Mon. gaul. de la Bibl. nat., n° 4461.

62. Tête à gauche.

℞. — VΠOTAL. Guerrier debout, vu de face,
     couvert d'une cuirasse, tenant une haste, le
     sanglier enseigne et un bouclier.   Æ., 1 g. 76

Pr. — Collect. Bochot, 1878.

Voy. Catalog. des Mon. gaul. de la Bibl. nat., n° 4483. —
Revue numismatique française, 1860, p. 113. —
Hucher, *L'Art gaulois*, 1re partie, pl. XXII et LXXXVI,
n° 2 ; 2e partie, n° 65, p. 46. — *Dict. d'archéolog.
celtiq.*, n°ˢ 171, 172.

Boutcroue avait lu VIIGOTAI ; Lelewel, VIIPOTALO ; M. de
Longpérier a donné la vraie leçon : VEROTALOS.

63. *Idem.*   Æ., 1 g. 65

Pr. — Donnée par M. de Rouvray.

BITURIGES

Peuple de l'Aquitaine qui se divisait en deux tribus très éloignées l'une de l'autre : les *Bituriges-Cubi* (Bitourghs-Kouls) d'abord compris dans la Celtique, qui avaient pour chef-lieu *Avaricum* (Bourges), occupaient le Berry (départements du Cher, de Loir-et-Cher et de l'Indre) ; les *Bituriges-Vivisci* ou *Josci* (Bitourghs-Ouisbiks), dont la ville principale était *Burdigala* (Bordeaux), et qui s'étendaient sur les deux rives de la Garonne, entre la Réole et Pauliac, dans la partie centrale de la Gironde ; ils avaient pour voisins, à l'est les Petrocorii, au nord les Santones. Les Bituriges-Vivisci étaient une colonie des Bituriges-Cubi.

Bituriges-Cubi.

64. Tête à gauche, cheveux disposés en trois grosses boucles.

℞. — Cheval au pas à gauche ; au-dessus, épée ; dessous étoile.   Æ., 1 g. 87

Pr. — Collect. Bochot, 1878. Achetée par lui à la vente F. de Boisselot.

Voyez Catalog. des Mon. gaul. de la Bibl. nat., n° 4097.

65. Tête à gauche, les cheveux disposés en trois grosses boucles.

℞. — Incus. — Reproduction en creux de la tête qui est en relief sur l'avers.   Æ., 1 g. 92

Pr. — Collect. Bochot, 1878.

Voy. Catalog. des Mon. gaul. de la Bibl. nat., n° 4139.

66. Tête à gauche.

℞. — Cheval à gauche ; dessus, branche d'arbre ; dessous, CAM.   Æ., 1. g. 64

Pr. — Collect. Bochot, 1878.

Voy. Catog. des Mon. gaul. de la Bibl. nat., 4139.

67. Tête à gauche, les cheveux distribués en grosses mèches.

℞. — Cheval galopant à gauche ; au-dessus,
trois cercles centrés ; au-dessous, ... DOS.
(ABVDOS).   Br., 2 gr. 90

Pr. — Collect. Bochot, 1878. Achetée par lui
à la vente F. de Boisselet.

Voy. n° 249, note à la suite de la description de la médaille
de SOLIMA.

Voy. Catalog. des Mon. de la Bibl. nat., n° 4158. —
Revue numismat., 1838, n° 6, pl. XVI. — *Dict.
d'archéolog. celt.*, CXLIV, CXLV. — Lelewel, pl. VII,
n° 44. — Duchalais, n° 559, 560.

SANTONES

Peuplade de l'Aquitaine, au sud des Pictones, entre les
Lemovices et les Petrocorii d'un côté, la Garonne et l'Océan
de l'autre. Ils avaient pour chef-lieu *Santones*, d'abord
nommé *Mediolanum santonum* (aujourd'hui Saintes), au
centre du pays sur le Carantonus (la Charente). Le territoire
qu'ils occupaient prit les noms d'Aunis, de Saintonge et d'An-
goumois ; il forme maintenant les départements de la Charente
et de la Charente-Inférieure.

68. ARIVOS. Tête casquée à gauche.

℞. — SANTONO(S). Cheval bridé et sanglé
galopant à droite ; dessous, cercle centré en
grenetis.   Æ., 1 g. 80

Pr. — Collect. Bochot, 1878.

Voy. Catalog. des Mon. gaul. de la Bibl. nat., n° 4525. —
Duchalais, p. 15 et 16. — Hucher, *L'Art gaulois*,
1re partie, pl. XL, n° 1 ; 2e partie, n° 104, p. 72.

Des monnaies semblables, trouvées dans l'Yonne, sont
au Musée d'Auxerre.

M. Anatole de Barthélemy veut bien nous faire remarquer
qu'Arivos n'est probablement pas santon, car on ne
rencontre aucune de ses monnaies en Saintonge.

69. (SANT ?)NOS. Tête nue à gauche, cheveux
courts.

℞. — Cheval libre galopant à droite.   Br., 3 g. 80

Pr. — Collect. de M. l'abbé Garnier, auquel

elle a été donnée par M. Cautel, qui l'avait
trouvée dans les environs de Troyes.

Ce bronze est-il bien à la légende SANTONOS, et peut-il
être attribué aux Santons? — Nous noterons, en passant, que la chevelure rase indique une date postérieure à la conquête romaine.

ÉDUENS

Les *Ædui* ou *Éduens*, peuple Celte très puissant, fut compris après la conquête romaine dans la 1ᵉ Lyonnaise. Il
s'étendait de la Loire à la Saône, entre les Bituriges et les
Sequani, au sud des Lingons. Sa capitale était *Bibracte*
(aujourd'hui Autun). Le territoire Éduen répondait à la Bourgogne centrale et au Nivernais (départements de la Côte-
d'Or, partie sud, de Saône-et-Loire et de la Nièvre).

70. Tête d'Apollon à droite.

 ℞ — Aurige dirigeant un bige à droite ; sous
  les chevaux, lyre renversée.   Or, 8 g. 36

 Exergue : ΦΙΛΙΠΠΟΥ.

 Pr. — Collect. Bochot, 1878.

 Voy. Catalog. des Mon. gaul. de la Bibl. nat., n° 4837.

71. Tête à droite.

 ℞. — Cheval à droite ; au-dessus du cheval,
  cercle centré ou roue ; au-dessous, lyre droite. Æ., 2 g. 05

 Pr. — Collect. Bochot, 1878. Achetée par lui
  à la vente F. de Boisselet.

 Voy. Catalog. des Mon. gaul. de la Bibl. nat., n° 4860.

72. Tête nue à gauche.

 ℞. — DIASVLOS. Cheval sanglé galopant à
  droite, la queue fort courte semble coupée
  carrément.   Æ., 2 g.

 Pr. — La Villeneuve-au-Roi (Haute-Marne). —
  Donnée par M. Duval de Fraville, maire de
  Chaumont et député de la Haute-Marne,
  1868.

Voy. Catalog. des Mon. gaul. de la Bibl. nat., n° 4870. *Annuaire de la Société française de Numismatique*, 2ᵉ année, 1867, p. 339. Catalog. de la Villeneuve-au-Roi, n° 4.

M. de Saulcy (Lettre à M. Anatole de Barthélemy sur la numismatique des Eduens et des Séquanes, *Revue archéolog.*, 1868, p. 130) prétend qu'au lieu de DIASVLOS on doit lire ΔIVISAΓOS ou IVISAΓOS, nom de Divitiacus, le gaulois romanisé ami de César et de Cicéron, et il ajoute que ces monnaies ont été frappées seulement durant le temps que Divitiacus fut en possession de la dignité de Vergobret (an 60 avant J.-C.).

Le 19 juillet 1866, sur le territoire de la Villeneuve-au-Roi (Haute-Marne) au lieu dit *Coup-Perdu*, une charette brisa un vase de terre rougeâtre enfoui à fleur de terre et contenant plus de 15.000 monnaies gauloises en argent, frappées chez les Séquanes et les Eduens, au milieu desquelles se trouvaient 30 deniers des Bituriges. La composition de ce trésor fait supposer à M. de Saulcy qu'il a pu être enfoui par les Helvétiens, défaits et poursuivis par les légions romaines à l'époque de la première campagne de César en Gaule. La quantité des pièces monnayées contenue dans le vase interdit la supposition d'un trésor particulier : c'était bien, assurément, la caisse d'une armée.

Cette cachette ne renfermant que des deniers gaulois d'argent, sans aucune monnaie de la République, M. de Saulcy en a conclu que ces pièces n'étaient pas encore reçues dans le commerce en Gaule et il date leur enfouissement de l'an 58 avant J.-C.

A la suite de la découverte du trésor de la Villeneuve-au-Roi, les villageois qui l'avaient faite se sont efforcés de placer le plus avantageusement possible la grande quantité de monnaies qu'ils avaient recueillie. La femme de l'un d'eux vint à Troyes en apportant un plein panier et elle en vendit à plusieurs personnes, disant que ces monnaies provenaient de *La Villeneuve*, mais sans ajouter les mots *au Roi*. Ce fut la cause d'une grosse erreur. Tous ceux qui avaient acquis de ces monnaies ont cru qu'elles provenaient d'une trouvaille qui aurait été faite à La Villeneuve-au-Chêne, près Vendeuvre (Aube), et ils les ont classées comme telles dans leurs collections. Tel est, entre autre, le cas de M. Bochot, qui avait acheté à M. Cantel, de Troyes, un certain nombre de ces médailles. Nous les avons trouvées dans la collection qu'il a léguée au Musée de Troyes portant toutes l'étiquette : La Villeneuve-au-Chêne, 1866. Or, nous avons ouvert une enquête et il en est résulté

pour nous la certitude qu'aucune découverte numismatique n'a été faite dans ce dernier endroit et que
toutes les monnaies désignées comme en provenant
ont bien été trouvées à **La Villeneuve-au-Roi**.

73. *Idem.*   Æ., 1 g. 87

> Pr. — Trésor de La Villeneuve-au-Roi. —
> Collect. de M. l'abbé Garnier, 1895.

74. *Idem.*   Æ., 1 g. 87

> Pr. — Même trésor. — Même collect., 1895.

75. *Idem.*

> R̦. — Cheval à gauche. Légende mal frappée.   Æ., 1 g. 95
> Pr. — Trésor de La Villeneuve-au-Roi. —
> Donnée par M. Duval de Fraville, 1868.

76. *Idem.*   Æ., 1 g. 80

> Pr. — Trésor de La Villeneuve-au-Roi. —
> Collect. Bochot, 1878.

77. Incus. Empreinte en creux du revers.

> R̦. — Cheval galopant à droite; dessus,
> (DV)BNO; dessous, Ɔ renversé.   Æ., 1 g. 93
> Pr. — Trésor de La Villeneuve-au-Roi. —
> Collect. Bochot, 1878.

Voy. Catalog. des Mon. gaul. de la Bibl. nat., n° 4943.

Dubnorix, frère de Divitiac, ami des Romains, ne pactisa
point avec eux, sans doute par suite de la jalousie
que lui inspirait l'influence acquise par son frère. Il
s'allia à l'helvétien Orgétorix, dont il épousa la sœur,
et il favorisa de tout son pouvoir le projet que ce
dernier avait formé de traverser la Gaule et d'aller
s'établir, de force, chez les Santons. Après la mort
d'Orgétorix, dont l'entreprise n'eut aucun succès,
Dubnorix sut se faire pardonner par César, mais il
ne cessa pas cependant de conspirer, et le général
romain, au courant de ses menées ténébreuses, jugea
prudent de l'emmener à sa suite avec un contingent
Eduen, lors de son expédition en Grande-Bretagne
(54 avant J.-C.). Au moment de s'embarquer,
Dubnorix, abandonnant son poste, s'enfuit à la tête de
ses cavaliers. L'ordre ayant été donné de le ramener
mort ou vif, il fut vivement poursuivi et, ayant été
rejoint et enveloppé, il fut tué sur place. M. de Saulcy
date de l'année 59 avant J.-C. l'émission des monnaies
de Dubnorix trouvées à **La Villeneuve-au-Roi**.

Voy. *Revue Archéolog.*, 1868, p. 57 et 122.

78. *Idem.*   Æ., 1 g. 97

    Pr. — Trésor de La Villeneuve-au-Roi. —
    Collect. Bochot, 1878.

79. Tête casquée mal empreinte. Légende effacée.

    ℞. — Cheval sanglé et bridé galopant à
    droite; dessous, DVBN.   Æ., 1 g. 90

    Pr. — Trésor de La Villeneuve-au-Roi. —
    Collect. Bochot, 1878.

Voy. Catalog. des Mon. gaul. de la Bibl. nat., n° 4980.

80. ANORBO. Tête casquée à droite, cheveux
    formés de trois traits simples non accompa-
    gnés de lignes pointillées; collier de perles.

    ℞. — Cheval bridé et sanglé galopant à droite,
    le dessus manque; au-dessous, (D)VBNO.   Æ., 1 g. 95

    Pr. — Trésor de La Villeneuve-au-Roi. —
    Collect. Bochot, 1878.

Voy. Catalog. des Mon. gaul. de la Bibl. nat., n° 4975.
— Hucher, *L'Art Gaulois*, 1ʳᵉ partie, pl. LXXXIV.
Quelques exemplaires de cette médaille portent :
ANORBOS et DVBNORI. Suivant la Lettre de M. de
Saulcy à M. Anatole de Barthélemy (*Revue Archéologique*, 1868, p. 139), le nom Anorbos serait celui
du beau-père de Dubnorix, le puissant chef Biturige,
ou de son beau-frère, dont le nom et la nationalité ne
sont pas connus. Dans la masse des monnaies
trouvées à La Villeneuve-au-Roi et soumises à son
examen, ce savant numismate a constaté la présence
de 1174 pièces au type d'Anorbos-Dubnorix, et il
pense qu'elles devaient être en bien plus grand
nombre.

81. Tête à droite, coiffée d'un casque orné de
    trois festons centrés surmontés de points.
    Devant la figure, (ANO)RBO. L'empreinte,
    par suite de l'insuffisance du flan, ne donne
    que la moitié supérieure de la tête.

    ℞. — Cheval bridé et sanglé galopant à droite;
    dessus, (DV)BN.   Æ., 1 g. 90

    Pr. — Trésor de La Villeneuve-au-Roi. —
    Donnée par M. Duval de Fraville, 1868.

Voy. Catalog. des Mon. gaul. de la Bibl. nat., n° 4949.

82. DUBNO(COV). Tête de femme à droite.

℞. — DUBNOREX. Personnage debout, à gauche, tenant des deux mains une courte hampe surmontée du sanglier.   Æ., 1 g. 80

Pr. — Trésor de La Villeneuve-au-Roi. — Collect. Bochot, 1878.

Voy. Catalog. des Mon. gaul. de la Bibl. nat., n° 5026.

M. de Saulcy (mém. cité plus haut) demande si Dubnocus, dont les Romains auront fait Dumnacus, ne serait pas le père de Divitiac et de Dubnorix.

Éduens anépigraphes.

83. Tête casquée à gauche.

℞. — Cheval à gauche; au-dessus et au-dessous, cercle centré; devant le poitrail, tige terminée par un cercle centré.   Æ., 1 g. 80

Pr. — Collect. Bochot, 1878. Achetée par lui à la vente F. de Boisselet.

Voy. Catal. des Mon. gaul. de la Bibl. nat., n° 5138.

M. de Saulcy pense que ces monnaies anépigraphes ont été émises vers l'an 62 avant J.-C., alors que les Eduens étaient sous le joug d'Arioviste (*Revue Archéolog.*, 1868).

84. Tête à gauche, casquée.

℞. — Cheval galopant à gauche; sous le ventre, cercle et epsilon renversé.   Æ., 1 g. 87

Pr. — Trésor de La Villeneuve-au-Roi. — Collect. Bochot, 1878.

Voy. Catalog. des Mon. gaul. de la Bibl. nat., n° 5153. Analogue au n° 188 des fouilles du Mont-Beuvray dans le *Dict. Archéolog. de la Gaule*.

85. Tête casquée à gauche; devant le nez, cercle centré ?

℞. — Cheval galopant à gauche; au-dessus et au-dessous, cercle.   Æ., 1 g. 85

Pr. — Collect. Bochot, 1878. Achetée par lui à la vente F. de Boisselet.

Voy. Catalog. des Mon. gaul. de la Bibl. nat., n°^ 5138 à 5252. — *Dict. Archéolog. de la Gaule*, n° 247.

86. Tête casquée, à gauche, dans un cercle en
grenetis.

   ℞. — Cheval libre galopant à gauche; dessous,
annelet.   Æ., 1 g. 80

   Pr. — Collect. Bochot, 1878. Achetée par lui à
la vente F. de Boissclct.

    Voy. Catalog. des Mon. gaul. de la Bibl. nat., n° 5155.

87. — Tête barbare à gauche.

   ℞. — Aigle éployé de face.   Æ., 3 g. 92

   Pr. — Collect. Bochot, 1878.

    Voy. Catalog. des Mon. gaul. de la Bibl. nat., n° 5276. —
Dict. Archéolog. de la Gaule, n° 197, fouilles du
Mont-Beuvray.

88. Tête barbare à gauche. (Dégénérescence de
la tête qui se trouve sur les potins frappés
par le séquane Q. DOCI.)

   ℞. — Quadrupède à gauche, longue oreille en
forme de panache, jambes repliées sous le
corps. (Monnaie de type séquane imité par
les Eduens.)   Pot., 4 g. 21

   S. Pr.

    Voy. Catalog. des Mon. gaul. de la Bibl. nat., n°° 5267 et
suiv.— *Annuaire de la Société française de numismatique,* 1887, p. 536, article de M. A. Changarnier.

MANDUBIENS

Les Mandubiens (Mandubii) étaient un peuple de la Gaule
(compris dans la 1ʳᵉ Lyonnaise) placé entre les Eduens
au sud et les Lingons au nord-est. Ils avaient pour capitale
Alésia, dite aussi *Urbium mater* (aujourd'hui Alise). Leur
territoire correspondait aux parties occidentale et centrale
de la Côte-d'Or, à l'est de Semur.

89. Tête à gauche, travail barbare.

   ℞. — Taureau cornupète à droite (très effacé, à
peine visible).   Pot., 2 g. 94

   Pr. — Collect. Bochot, 1878.

    Voy. Catalog. des Mon. gaul. de la Bibl. nat., n° 5284,
avec lequel cette monnaie a la plus grande analogie.

SEQUANI

Les Séquaniens, une des plus grandes tribus de la Lugdunensis, avaient pour voisins, à l'ouest, les Lingons et les Eduens, dont ils étaient séparés par la Saône; à l'est, les Helvétiens; au nord, les Leuci et, au sud, les Allobroges. Ils occupaient donc le territoire compris entre le Jura et la Saône, le Rhône et les Vosges (ancienne Franche-Comté), faisant aujourd'hui partie des départements de la Haute-Saône, du Jura, du Doubs et de l'Ain. A l'arrivée de César, ils s'étendaient jusqu'au Rhin et occupaient la région dont s'emparèrent ensuite les Rauraci (département du Haut-Rhin et le canton suisse de Bâle). Leurs villes principales étaient *Vesontio* (Besançon) et *Epamanduodurum* (Mandeure).

90. Tête à droite avec une corne de bélier.

R͓. — Bige attelé d'un cheval à droite; dessous, lyre couchée; à l'exergue, légende pseudo-grecque ΙΟΛΟΥ. Quart de statère. Or, 1 g. 92

Pr. — Collect. Bochot, 1878.

Voy. Catalog. des Mon. gaul. de la Bibl. nat., n° 5327.

91. Tête couverte d'une chevelure bouclée à gauche.

R͓. — (SEQ)VANOIO TV(OS). Sanglier passant à gauche. Æ., 1 g. 85

Pr. — Trésor de la Villeneuve-au-Roi. — Donnée par M. Duval de Fraville, 1868.

Voy. Catalog. des Monn. gaul. de la Bibl. nat., n° 5329. — De Saulcy, Catalog. du Trésor de la Villeneuve-au-Roi, n° 1. — Lelewel, pl. IV, 27; pl. VI, 16. — Hucher, *L'Art gaulois*, pl. LXXVIII, n° 2. — Lambert, pl. X, n° 5, 1ʳᵉ partie.

D'après M. de Saulcy, le trésor de la Villeneuve-au-Roi contenait plus de 1600 exemplaires de cette monnaie, provenant de diverses fabriques. Il les considère comme ayant été frappées pendant un temps moins considérable que celles de Q. DOCI et de TOGIRIX. Toutes étant antérieures à l'an 58 avant J.-C. ont dû être émises vers l'an 62, alors que les Séquanes étaient, de même que les Eduens, sous le joug d'Ariovistc, qu'ils avaient appelé à leur aide avec ses Germains. Ils émirent à la même époque des potins anépigraphes. (*Revue archéolog.*, 1868, p. 139.)

92. *Idem.* On ne lit plus que . . . VO.   Æ., 1 g. 90

Pr. — Trésor de la Villeneuve-au-Roi. — Collect. Bochot, 1878.

Voy. Catalog. des Mon. gaul. de la Bibl. nat., n° 5329.

93. (TO)GIRIX. Tête casquée à gauche.

℞. — TOGIR. Cheval sanglé galopant à gauche ; dessous, lézard.   Æ., 1 g. 90

Pr. — Trésor de la Villeneuve-au-Roi. — Donnée par M. Morel, maire de Baroville, 1872.

Voy. Catalog. des Mon. gaul. de la Bibl. nat., n° 5518. — *Revue numismatique*, 1862, 1866, 1869. — Lelewel, n°ˢ 103, 104, 142. — Hucher, *L'Art gaulois*, 1ʳᵉ partie, p. 29.

Des monnaies semblables ont été trouvées à Verneuil et aux Andelys. M. de Saulcy considère Togirix comme étant un chef séquane, et il a fait des rapprochements curieux pour établir que Q. DOCI, IVLIVS TOGIRIX et TOGIRIX connus par les monnaies, sont les formes du nom du même personnage à différentes époques. Ce chef se serait appelé Togirix avant la conquête romaine et, postérieurement, comme plusieurs de ses compatriotes, il aurait joint à son nom patronymique le prénom du vainqueur, entrant ainsi dans sa clientèle.

M. Anatole de Barthélemy propose, en ne confondant pas TORIGIX avec Q. DOCIRIX, de considérer le premier comme un chef lingon ou manduhien, et le second comme un chef séquane, qui serait le Julius TOGIRIX des monnaies (*Revue archéolog.*, 1867, p. 350). D'après M. de Saulcy, la plus récente des monnaies du trésor de la Villeneuve-au-Roi serait celle de Togirix.

Une matrice ayant servi à la frappe de cette monnaie de Togirix a été trouvée à Bar-sur-Aube. Voyez notre État des découvertes de numismatique gauloise faites dans l'Aube, page 20 de l'Introduction de ce Catalogue.

94. *Idem.*   Æ., 2 g. 08

Pr. — Trésor de la Villeneuve-au-Roi. — Donnée par M. Morel, de Baroville, 1872.

95. *Idem.* Æ., 1 g. 88

Pr. — ¦Trésor de la Villeneuve-au-Roi. —
Collect. Bochot, 1878.

96. TOGIRIX. Tête casquée à gauche.

R̸. — La légende manque. Cheval sanglé galopant à gauche; dessous, lézard. Æ., 1 g. 96

Pr. — Trésor de la Villeneuve-au-Roi. —
Donnée par M. Adrien Tresse, 1866.

97. TOGIRI. Incuse. — Empreinte en creux du
sujet qui se trouve sur le revers.

R̸. — TOGIRI. Cheval bridé et sanglé galopant à gauche; dessous, lézard. Æ., 1 g. 92

Pr. — Trésor de la Villeneuve-au-Roi. — Donnée par M. Duval de Fraville, 1868.

Voy. Catalog. des Mon. gaul. de la Bibl. nat., n° 5550.

98. (TO)GIRIX. Tête casquée à gauche.

R̸. — TOG... Cheval sanglé galopant à gauche;
dessous, lézard. Pot., 1 g. 86

Pr. — Trésor de la Villeneuve-au-Roi. — Collect. Bochot, 1878.

99. Tête barbare à gauche.

R̸. — Cheval sanglé galopant à gauche; au-
dessus TO, le jambage du T se prolongeant
entre les jambes du cheval. Pot., 3 g. 40

Pr. — Collect. Bochot, 1878.

Voy. Catalog. des Mon. gaul. de la Bibl. nat., n° 5611.

100. Tête barbare à gauche.

R̸. — TOG. Cheval passant à gauche. Pot., 3 g. 60

Pr. — Collect. Bochot, 1878. Achetée par lui
à la vente F. de Boisselet, 1877.

Voy. Catalog. des Mon. gaul. de la Bibl. nat., n° 5631.

101. *Idem.* Pot., 3 g. 29

Pr. — Collect. Bochot, 1878. Même acquisition.

102. TOG. Buste casqué à droite.

    ℞. — TOG. Lion courant à droite.   Por., 2 g. 85

    Pr. — Collect. Bochot, 1878.

Voy. Catalog. des Mon. gaul. de la Bibl. nat., n° 5620.

D'après M. de Saulcy, les potins à la légende TOG et
TOGIR et au lion auraient été émis par les Eduens
pendant le temps durant lequel ils furent soumis à la
domination des Séquanes. D'après M. Hucher, ce
nom est celui de Togirix ou Tocirix, qui frappait
monnaie vers l'an 36 avant l'ère chrétienne.

103. *Idem.*   Por., 2 g. 29

    Pr. — Collect. Bochot, 1878.

Voy. Catalog. des Mon. gaul. de la Bibl. nat., n° 5629.

104. *Idem.*   Por., 3 g. 09

    Pr. — Collect. Bochot, 1878.

105. Tête barbare à gauche, avec légende en
creux simulant une couronne.

    ℞. — Animal à gauche, les jambes de devant
pliées s'appuyant fortement sur les jambes
de derrière.   Por., 4 g. 95

    Pr. — Trouvée à Troyes. — Collect. de M. l'abbé
Garnier, achetée en 1895.

D'après le Catalog. des Mon. gaul. (n° 5101), la tête
porte, gravé en creux derrière la couronne, le mot
TEVT.

106. *Idem.*   Por., 4 g. 05

    S. Pr.

107. *Idem.* Variante dans la tête.   Por., 5 g. 40

    S. Pr.

108. Tête barbare à gauche.

    ℞. — TO... Cheval à gauche.   Por., 3 g. 70

    Pr. — Collect. Bochot, 1878.

Voy. Catalog. des Mon. gaul. de la Bibl. nat., n° 5607.

109. *Idem.*   Por., 3 g. 75

    S. Pr.

110. *Idem.*   Pot., 2 g. 05
   S. Pr.

111. Q. DOCI. Tête casquée à gauche.
   ℞. — Q. DOCI. Cheval à gauche; dessous,
   SAℳ F·   Æ., 1 g. 36
   Pr. — Collect. Bochot, 1878. — Achetée par lui
     à la vente F. de Boisselet.

   Voy. Catalog. des Mon. gaul. de la Bibl. nat., n° 5444.

   M. de Saulcy a proposé pour cette monnaie la lecture
   Q(uintus) DOCI(RIX) SAM(OTALIS) F(ilius) et l'a attribuée à un chef séquane, du nom de Docirix, qui aurait
   appelé en Gaule le germain Arioviste. Le trésor de la
   Villeneuve-au-Roi contenait plus de 3.000 deniers de
   cette espèce. D'après l'indice fourni par le poids,
   c'était la monnaie la plus anciennement frappée de ce
   trésor.

   Voy. de Saulcy, Lettre à M. Anatole de Barthélemy sur
   la numismatique des Eduens et des Séquanes, dans la
   Revue archéolog., 1868, p. 57 et 122.

112. Q. DOCI. Tête casquée à gauche.
   ℞. — Q. DOCI. Cheval galopant à gauche; dessous, **SAℳ F·**   Æ., 1 g. 89
   Pr. — Trésor de la Villeneuve-au-Roi. — Donnée par M. Duval de Fraville, 1868.

   Voy. Catalog. des Mon. gaul. de la Bibl. nat., n° 5406. —
   Hucher, *L'Art gaulois*, p. 29 et 30.

113. *Idem.*   Æ., 1 g. 89
   Pr. — Trésor de la Villeneuve-au-Roi. — Donnée
   par M. Duval de Fraville, 1868.

114. *Idem.* Q. DO...   Æ., 1 g. 89
   M. Pr. Collection Bochot, 1878.

115. *Idem.*   Æ., 1 g. 89
   M. Pr. — Collection de M. l'abbé Garnier,
   1895.

116. Tête à gauche. La partie inférieure de la
   face est seule apparente; sur le cou, un
   torques.

℞. — Cheval sanglé, galopant à gauche.   Æ., 1 g. 89

M. Pr. — Collection Bochot, 1878.

117. Tête barbare à gauche ; sur la joue, une
sorte de torques à tampons, avec un point
au milieu.

℞. — Animal, cheval ou taureau à queue contournée en S, s'appuyant sur ses pattes de
derrière. Légende peu lisible, Q. DOCI.   Pot., 4 gr. 89

Pr. — Collect. Bochot, 1878.

Voy. Catalog. des Mon. gaul. de la Bibl. nat., n° 5527.

118. *Idem.*   Pot., 3 g. 97

Pr. — Collect. Bochot, 1878.

119. Tête barbare à gauche. Même type que le
précédent, mais n'ayant rien sur la joue.

℞. — Animal s'appuyant sur ses pattes de
derrière. Anépigraphe.   Pot., 3 g. 29

Pr. — Collect. Bochot, 1878.

Voy. Catalog. des Mon. gaul. de la Bibl. nat., n° 5514.

120. *Idem.*   Pot., 3 g. 65

Pr. — Collect. Bochot, 1878.

121. *Idem.*   Pot., 4 g. 80

Pr. — Collect. Bochot, 1878.

Voy. Catalog. des Mon. gaul. de la Bibl. nat., n° 5527.

122. *Idem.* Très fruste.   Pot., 3 g. 30

S. Pr.

123. *Idem.* Très fruste.   Pot., 2 g. 33

S. Pr.

124. Tête à gauche très fruste.

℞. — Animal à gauche, s'appuyant sur ses
pattes de derrière, la queue contournée en S ;
derrière, un cercle centré ; dans les deux
volutes formées par la queue, des cercles centrés.   Pot., 3 g. 05

Pr. — Collect. Bochot, 1878.

125. Tête barbare à droite.

R. — Animal à gauche, s'appuyant sur ses
pattes de derrière. Anépigraphe. Pot., 4 g. 47

Pr. — Collect. de M. l'abbé Garnier, 1895. —
Trouvée dans le bief du moulin de Buxières
(Aube).

126. Tête barbare à gauche.

R. — Animal à gauche, s'appuyant sur ses
pattes de derrière, qui sont très longues ; les
pattes de devant, beaucoup plus courtes, sont
repliées en arrière. Tête allongée en avant,
queue en **S**. Pot., 2 g. 85

Pr. — Collect. Bochot, 1878.

127. Tête laurée à gauche ; les feuilles de la couronne ayant la pointe en bas, l'oreille très
avancée sur la joue.

R. — Animal pliant les jambes de devant et
s'appuyant sur celles de derrière. Pot., 4 g. 20

Pr. — Trouvée à Mailly (arrond. et cant. d'Ar-
cis-sur-Aube), dans le lieu dit *Le Bois-la-
Sainte*. — Donnée par M. Febvre, libraire à
Troyes, 1863.

Voy. Catalog. des Mon. gaul. de la Bibl. nat., n° 5390.—
Rev. num., année 1838, article de M. Barthélemy.
Une monnaie du même type offre, selon M. Hucher,
la légende DOCI gravée en ligne droite sur la tête
même, derrière la couronne.

CARNUTES

Peuple de la Gaule (4ᵐᵉ Lyonnaise), qui occupait ce plateau
s'étendant de la Seine à la Loire, et au milieu duquel s'élève
Chartres (l'ancienne *Autricum* ou *Carnutes*), leur capitale,
que les druides disaient être au centre de la Gaule. Ils avaient
pour voisins les Aureliani, les Senones, les Parisii, les Céno-
mani. Leur pays, composé d'une partie du Perche, du pays
Chartrain et de l'Orléanais, forme aujourd'hui le département d'Eure-et-Loir et une partie des départements voisins.

128. Tête d'Apollon à droite; sous le cou, cordon
perlé.

 ℞. — Aurige dirigeant un bige à droite; sous
les chevaux, lyre renversée; à l'exergue,
~~~. Statère.   Élect., 7 g. 37

Pr. — Collect. Bochot, 1878.

Analogue au n° 5951 du Catalog. des Mon. gaul. de la
Bibl. nat.

129. Tête d'Apollon laurée, à droite. Style barbare.

 ℞. — Aurige dirigeant un char à gauche; sous
le cheval, roue à quatre rais. Élect., 6 g. 75

Pr. — Collect. Bochot, 1878.

Voy. Catalog. des Mon. gaul. de la Bibl. nat., n° 5963.

130. Tête à droite.

 ℞. — Cheval à droite; au-dessus, loup accroupi; dessous, triskèle.   Æ., 3 g. 40

Pr. — Collect. Bochot, 1878.

Voy. Catalog. des Mon. Gaul. de la Bibl. nat., n° 6017.

131. Tête de Vénus à droite; derrière, fleur
épanouie.

 ℞. — Aigle à droite combattant un serpent;
entre l'aigle et le serpent, cercle centré. Br., 3 g. 63

Pr. — Collect. Bochot, 1878.

Voy. Catalog. des Mon. gaul. de la Bibl. nat., n° 6077.

132. — Tête jeune à droite, cordon perlé.

 ℞. — Aigle, aiglon, serpent, pentagone et croisette cantonnée de quatre points. Br., 3 g. 03

Pr. — Collect. Bochot, 1878.

Voy. Catalog. des Mon. gaul. de la Bibl. nat., n° 6088.

133. Tête à droite.

 ℞. — Aigle à droite. Dans le champ, pentagone
et croisette cantonnée de quatre points. Br., 3 g. 30

Pr. — Collect. Bochot, 1878.

Voy. Catalog. des Mon. gaul. de la Bibl. nat., n° 6108.
~~~

134. Tête barbare à droite.

R̟. — Aigle à droite, serpent et rouelle.   Br. 2 g. 77

Pr. -- Collect. Bochot, 1878.

Voy. Catalog. des Mon. gaul. de la Bibl. nat., n° 6112.

135. Tête jeune, imberbe, à droite.

R̟. — Aigle s'abattant sur....; derrière, cercle
centré.   Br. 2 g. 64

Pr. — Collect. Bochot, 1878.

Cette pièce a une certaine anologie avec le n° 6322 du
Catalog. des Mon. gaul. de la Bibl. nat.

OSISMII

Peuple de la Gaule (3ᵐᵉ Lyonnaise) ayant la mer à l'ouest
et au nord, les Curiosolites à l'est, les Corisopites au sud. *Voragium* (Concarneau, ou selon d'autres Carhaix) était leur capitale. Leur territoire correspondait à la partie centrale du
département du Finistère. On retrouve leur nom au moyen-âge dans *Osismor*, ville aujourd'hui détruite et qui était
située dans les environs de Saint-Pol-de-Léon.

136. Tête à droite d'où partent des cordons aboutissant à un sanglier et à trois petites têtes.

R̟. — Cheval androcéphale à gauche ; deux cordons aboutissant à des têtes se croisent au
dessus ; dessous, sanglier à droite.   Br., 6 g. 70

Pr. — Collect. Bochot, 1878.

Voy. Catalog. des Mon. gaul. de la Bibl. nat., n° 6539.

137. Tête à droite d'où partent des chaînons
aboutissant à un sanglier et à trois petites
têtes.

R̟. — Cheval androcéphale à gauche ; deux
chaînons aboutissant à des têtes se croisent
au-dessus ; dessous, aigle attaquant un sanglier.   Br., 6 g. 30

Pr. — Collect. Bochot, 1878.

Voy. Catalog. des Mon. gaul. de la Bibl. nat., n° 6555.

CURIOSOLITES

Peuple de la Gaule (3ᵐᵉ Lyonnaise) à l'ouest des Redones. Leur territoire correspondait à la moitié orientale du département des Côtes-du-Nord et à la partie sud-ouest de celui de l'Ille-et-Vilaine. *Courseul* ou *Courseult,* arrondissement de Guingamp, a conservé leur nom.

138. Tête barbare à droite, cheveux enroulés.

   ℞. — Bige à droite; aurige tenant le bâton surmonté du disque ; dessous, lyre penchée.   Br., 6 g. 50

   Pr. — Collect. Bochot, 1878.

   Analogue au nº 6703 du Catalog. des Mon. gaul. de la Bibl. nat.

139. Tête à droite, cheveux enroulés.

   ℞. — Cheval à tête d'oiseau ; devant, vexillum suspendu au cordon que tient l'aurige à tête d'oiseau ; dessous, sanglier à droite.   Br., 6 g. 55

   Pr. — Collect. Bochot, 1878.

   Voy. Catalog. des Mon. gaul. de la Bibl. nat., nº 6634.

REDONES

Peuple de la Gaule (3ᵐᵉ Lyonnaise), au nord des Veneti et des Nammètes, à l'ouest des Diablintes, des Arvii et des Andecavi. *Condate* ou *Rhodones* (Civitas-Rhedonum, aujourd'hui Rennes) était leur capitale. Ils occupaient le département actuel d'Ille-et-Vilaine.

140. Tête laurée à droite.

   ℞. — Cheval androcéphale à droite ; devant, vexillum suspendu à un cordon que tient l'aurige; dessous, roue à quatre rais.   Br., 6 g. 55

   Pr. — Collect. Bochot, 1878.

   Voy. Catalog. des Mon. gaul. de la Bibl. nat., nº 6774.

141. Tête à droite.

R̦. — Cheval androcéphale à droite; devant, ...
dirigé par un aurige tenant un cordon ; dessous, roue en grenetis à huit rais et symbole enroulé à double volute.   Bᴿ., 0 g. 54

Pr. — Collect. Bochot, 1878. — Achetée par lui
à la vente E. de Boisselet.

Type analogue à celui du n° 6792 du Catalog. des Mon.
gaul. de la Bibl. nat.

INCERTAINES DU NORD-OUEST

On a trouvé des monnaies du même genre à Jersey;
quelques numismates les attribuent aux Morini, d'autres aux
Andegavenses.

142. Tête barbare, de face.

R̦. — Oiseau (bécasse ?) en profil à gauche, au
milieu des roseaux.   Bᴿ., 0 g. 40

Pr. — Collect. Bochot, 1878.

143. Tête barbare, de face.

R̦. — Cercle centré en grenetis, perlettes et
traits en chevrons; dessin indéchiffrable.   Bᴿ., 0 g. 24

Pr. — Collect. Bochot, 1878.

144. Tête barbare en profil, à droite, à peine
accusée.

R̦. — Hippocampe (?), croissants, etc., au milieu d'un double cercle en grenetis.   Bᴿ., 0 g. 43

L'hippocampe est un symbole employé par les peuplades
Armoricaines; on le trouve chez les Redons.

TURONES

Peuple gaulois (3ᵐᵉ Lyonnaise), sur les deux rives de la
Loire, entre les Andes et les Carnutes. Leur territoire correspondait à peu près à celui du département actuel d'Indre-

et-Loire. *Turones*, appelé ensuite *Cæsaromagus* ou *Cæsaro-dunum* (aujourd'hui Tours), était leur chef-lieu.

145. TVRONOS. Tête casquée à gauche.
   R̸. — CANTORIX. Cheval libre, à gauche ;
     au-dessus, annelet ; au-dessous, lyre.   Br., 3 g. 45
   Pr. — Collect. Bochot, 1878.

    Voy. Catalog. des Mon. gaul. de la Bibl. nat., n° 7010.
     — Lelewel, pl. iv, n° 58 ; pl. v, n° 12. — *Dict. d'ar-chéolog. celtiq.*, n° 26.

146. *Idem.*   Br., 4 g. 09
   Pr. — Collect. Bochot, 1878.

AULERCI

Peuple gaulois de la Lugdunensis, limitrophe des Carnutes. Il se divisait en quatre peuplades : 1° Les Aulerci-Branno-vices ou Brannovii (1ʳᵉ Lyonnaise), le long de la Loire, autour de Blannot, au nord-ouest de Mâcon (Saône-et-Loire); 2° les Aulerci-Eburovices (2ᵐᵉ Lyonnaise), entre les Véliocasses à l'est et les Lexovii à l'ouest. Leur territoire correspondait à celui de l'ancien Evrecin ou pays d'Ouche, aujourd'hui dépar-tement de l'Eure. Leur chef-lieu était *Mediolanum* ou *Ebu-rovices* (Evreux); 3° les Aulerci-Cenomani (les Kenomans, 3ᵐᵉ Lyonnaise). Leur territoire (anciennement le Maine) correspond à celui du département actuel de la Sarthe. *Subdinum* ou *Cenomani* (le Mans) était leur chef-lieu ; 4° Les Aulerci-Diablintes (3ᵐᵉ Lyonnaise), placés entre les Redones à l'ouest et les Aulerci-Cenomani à l'est, occupaient un terri-toire correspondant à la moitié de la partie nord du dépar-tement de la Mayenne. Leur chef-lieu était *Nœodunum* ou *Diablintes* (Jublains, village au sud-est de Mayenne).

Aulerci-Eburovices.

147. PIXTILO. Tête de Vénus à droite.
   R̸. — PIXTILOS. Main tenant une branche
     chargée de fruits que becquète un oiseau.   Br., 3 g. 30

Pr. — Trouvée à Saint-Loup-de-Buffigny (Aube). — Acquisition de la Soc. Acad. de l'Aube, 1868.

Voy. Catalog. des Mon. gaul. de la Bibl. nat., n° 7068. — M. Anatole de Barthélemy, *Etudes sur la num. celtique*, 1841. — Lelewel, pl. vii, n°s 59 à 60. — Hucher, *L'Art gaulois*, 1re partie, pl. xiii, n° 1; pl. xxiii, n°s 1, 2; pl. xxvi, n°s 1, 2; pl. xxxiii, n° 2; pl. lvi, n° 2.

On rencontre les formes PIXTIL, PIXTILOG, PIXTILOS. Hucher attribue sans réserves cette monnaie aux Carnutes. On croit que Pixtilos a battu monnaie entre les années 27 et 12 avant J.-C.

148. PIXTILOS. Tête de Vénus à droite.

℞. — PIXTILOS. Griffon à droite; dessous, tente.   Br., 2 g. 90

Pr. — Collect. Bochot, 1878.

Voy. Catalog. des Mon. gaul. de la Bibl. nat., n° 7074. — Hucher, *L'Art gaulois*, t. I, pl. xxiii, n° 1.

La série intéressante des Pixtilos a été proposée pour les Aulerci-Eburovices par le *Dict. archéolog. de la Gaule;* M. Hucher, comme nous l'avons dit, l'attribue aux Carnutes.

Incertaine du Nord-Ouest attribuable aux Aulerci.

149. Tête à gauche, casquée, bordure en grenetis.

℞. — Cheval galopant à droite; au-dessus, rosette; bordure en grenetis.   Br., 2 g. 88

Pr. — Collect. Bochot, 1878.

CALETI

Les Calètes (*Galeti* de Pline, *Kalêtai* de Ptolémée), peuple gaulois de la 2me Lyonnaise, ont donné son nom au pays de Caux (partie occidentale et centrale de la Seine-Inférieure). Ils avaient pour voisins : au nord-est les Lexovii, à l'ouest les Véliocasses, au nord-est la 2me Belgique. *Juliobona* (Lillebonne) était leur chef-lieu ; elle avait pour port sur la Seine

Caracotinum (Harfleur). *Caletes* (Cailly) était une de leurs villes principales. — Strabon place leur peuplade dans le Belgium.

150. ATEVLA. Buste ailé à gauche, le cou entouré du torques.

℞. — (V)LATOS. Taureau à droite, beuglant la tête levée. Au-dessous, ∽ couché ; dessus, rosace à quatre feuilles ; à l'exergue, épi.   Æ., 1 g. 60

Pr. — Collect. Bochot, 1878.

Voy. Catalog. des Mon. gaul. de la Bibl. nat., n° 7190. — Duchalais, *Rev. num.*, 1840, p. 165. — Hucher, *L'Art gaulois*, 1re partie, pl. XLIV, n° 1 ; 2e partie, n° 210. — Mémoires de la Société des Antiquaires de France, t. I., p. 349. M. de Lamartine, auteur de ce dernier article, croit que cette monnaie n'est pas antérieure à la fin du IIIe siècle de notre ère. Ateula serait le nom d'un chef ou prince d'une partie des Gaules feudataire des Romains. Le nom Ateula figure dans une inscription trouvée près de Nancy, au rapport de Renesius cité par Millin. On y lit : ATEVLA SOLI F. — Voy. dans le Bullet. des Antiq. de France, 1873, p. 89, l'interprétation, par le commandant Mowat, des mots Ateula-Vlatos.

M. Changarnier croit que les pièces à la légende Ateula-Vlatos appartiennent aux Séquanes ; il s'appuie sur un exemplaire de sa collection où un TOGIRIX porte au revers ATEVLA. Le taureau à longues cornes recourbées, ayant l'encolure ornée d'une abondante crinière et une queue longue et touffue, est peut-être l'image de l'*Urus* (Urochs des Allemands) décrit par César dans le livre VI, § 28, des *Comm. de la guerre des Gaules*, et aussi par Macrobe (VI-4). Le signe en S se rencontre fréquemment sur le numéraire des peuples gaulois, notamment sur celui des Arvernes, et sur leurs bijoux. (Voy. Catalog. des bronzes du Musée de Troyes, n° 343.)

M. Le Coutil, dans son excellent Inventaire des monnaies gauloises du département de l'Eure, mentionne comme existant, au revers d'une médaille à la légende Ateula-Ulatos, un cheval galopant à droite, dans les pattes duquel se voit un cercle perlé et centré ou une étoile. Serait-ce une variété nouvelle de cette monnaie ?

Voy. *Recueil des trav. de la Soc. libre d'Agricult.*, *etc., de l'Eure*, 1896, p. 230.

151. *Idem.*

    R̸. — VLATOS. Taureau à droite, beuglant, la
tête levée; au-dessus, ɯ couché; dessous,
denx triangles enlacés (pentagramme ou astre
à cinq branches); exergue fruste.   Æ. 1 g. 67

    Pr. — Collect. Bochot, 1878. — Acheté par lui
à la vente F. de Boisselet.

    Voy. Catalog. des Mon. gaul. de la Bibl. nat., n° 7191.

152. Légende fruste. Buste ailé, à gauche; le
cou orné du torques, les seins bien indiqués.

    R̸. — VLATOS. Taureau à droite, beuglant, la
tête levée; le dessous fruste; au-dessous,
triangles enlacés (ou astre à cinq branches);
à l'exergue, une coupe dans une demi-circon-
férence (cette figure de l'exergue ne représente nullement un croissant).   Æ.. 1 g. 56

    Pr. — Trouvée à Saint-Parres-les-Vaudes, en
1848, dans les travaux du canal. — Donnée
par Mme veuve Adnot, de Chappes, 1890.

    Voy. Catalog. des Mon. gaul. de la Bibl. nat., n° 7191.
    Des monnaies de ce genre ont été trouvées à Lyons-la-
Forêt, aux Andelys et à Traucault.

VELIOCASSES

Les Veliocasses, Velocasses ou Belliocassi, peuple de la
2me Lyonnaise, habitaient à l'ouest de Bellovaci, sur la rive
droite de la Seine, entre Yvetot et Pontoise, dans les départements de la Seine-Inférieure, de l'Eure et de la Seine-et-Oise
(anciennement *Vulcassinus pagus,* puis le *Vexin*). Leur capitale était *Rotomagus,* ou, selon quelques-uns, *Ratumagus,* ou
encore *Ritumagus* (aujourd'hui Rouen).

153. Tête à droite.

    R̸. — Sanglier à gauche; dessous, roue.

    Pr. — Collect. Bochot, 1878.

    Voy. Catalog. des Mon. gaul. de la Bibl. nat., n° 733.

SENONES

Peuple de la 4me Lyonnaise, au midi des Parisii et des Meldi, entre les Aureliani, les Carnutes, les Lingons, les Tricasses, les Ædui, etc. *Agedincum* ou *Senones* (aujourd'hui Sens) était son chef-lieu ; *Melodunum* (Melun) était une de ses villes principales. Le territoire des Senones a formé le diocèse de Sens et s'étendait sur les départements de l'Yonne, du Loiret, de Seine-et-Marne et de l'Aube.

154. Deux chèvres dressées et affrontées (?) ; au centre, un point ; au bas, un annelet centré ; à la bordure, grenetis.

℞. — Loup et sanglier affrontés ; entre les deux, un point. Bordure en grenetis.   Pot., 5 g. 82

Pr. — Collect. Bochot, 1878.

Voy. Catalog. des Mon. gaul. de la Bibl. nat., n° 7458. Mém. de la Soc. Acad. de l'Aube, 1866, pl. ɪ.

155. ΑΓΙΙΔ, rétrograde. Deux chèvres (?) dressées et affrontées. Au centre, un point. Bordure en grenetis.

℞. — Loup et sanglier affrontés ; derrière le loup, un serpent ; au centre, rosace centrée. Bordure en grenetis.   Pot., 4 g. 37

Pr. — Collect. Bochot, 1878.

Voy. Catalog. des Mon. gaul. de la Bibl. nat., n° 7467. — Hucher, *L'Art gaulois*, 2° partie, pl. 121. — *Dict. top. de la Gaule*, fig. 24. — *Rev. num. franç.*, 1860, p. 249-266.

M. de Longpérier lit ΑGED[INCVM]. — *Agedincum Senonum*. — Pour lui, c'est de l'ΑΓΗΔΙΚΟΝ de Ptolémée, l'*Agendicum* de César, dont il s'agit, — attribution contestée par quelques-uns (Voy. *Rev. num.*, 1844, p. 165). En admettant que la version de M. Longpérier soit bonne, ne pourrait-on pas trouver l'explication du type et de la légende du potin ΑΓΗΔ dans cette tradition légendaire qu'Héric, moine d'Auxerre, rattache à l'origine d'Autun, dans sa vie de Saint Germain. Voici son texte :

Urbs antiqua fuit, toto celeberrima mundo,
Aedva dicta prius. Primaria cùm jacerentur
Fundamenta solo, geminos fert fabula visos
Prœlia lascivis agitantes lusibus hœdos.
Auspiciis veteres assueti denique primis
Nomina condendis ponebant urbibus olim.
Hanc primum veniens Alpine a vertice Cœsar
Ascivit sociam, gentisque in fœdera traxit
Romuleœ, sociosque novos fratresque vocavit
Inque caput regni primatum sumere jussit,
Celtica Roma dein voluit cœpitque vocari
Crevit amicitiœ sensum per tempora robur;
Urbs quoque provectum meritisque et nomine sumpsit
Avgvstidvnvm demum concepta vocari,
Avgvsti montem transfert quod Celtica lingua.

(*Patrol. lat.* de Migne, t. CXXIV, col. 1149 et 1150.)

A notre offre d'interprétation, M. Anatole de Barthélemy répond en trois mots : ΑΓΗΔ *est un nom d'homme.*

156. Tête à droite, cheveux divisés en quatre grosses mèches ; bordure en grenetis.

℞. — VLLVCCI. Oiseau éployé à gauche ; au dessus, pentagramme et croix cantonnée de quatre points; derrière, deux annelets centrés. — On trouve la variante VLLVCCIS. Br., 3 g. 08

Pr. — Collect. de M. l'abbé Garnier, achetée en 1895.

Voy. Catalog. des Mon. gaul. de la Bibl. nat., n° 7493. *Revue num. franç.*, 1859, pl. II, n° 12. — Lelewel, pl. VI, n° 46.—*Dict. d'arch. celt.*, n° 174.— Hucher, *L'Art gaulois*, t. Ier, p. 39.

157. *Idem.* Br., 3 g. 32

Pr. — Trouvée à Saint-Loup-de-Buffigny. — Acq. de la Soc. Acad., 1868.

158. *Idem.* — Cheveux divisés en cinq grosses mèches. Le devant de la figure manque. Br., 2 g. 70

Pr. — Trouvée au Mesnil-Saint-Loup, canton de Marcilly-le-Hayer (Aube.). — Collect. Bochot, 1878.

159. Tête à droite, cheveux divisés en grosses mèches.

℞. — VLLVCCI. Oiseau éployé à gauche; au-
dessus, pentagramme; en avant, sous le bec,
annelet centré; derrière, croix.   Br., 3 g. 34

Pr. — Trouvée à Saint-Loup-de-Buffigny.

Voy. Catalog. des Mon. gaul. de la Bibl. nat., n° 7535,
dont cette monnaie est une variante.

160. Tête à droite.

℞. — Légende fruste. Oiseau éployé à gauche;
derrière, deux annelets centrés, et au bas,
une croix.   Br., 2 g. 55

Pr. — Collect. Bochot, 1878.

161. Tête à droite.

℞. — Oiseau à gauche, éployé; devant lui, un
point; derrière, pentagramme.   Br , 2 g. 70

Pr. — Trouvée à Troyes, lieu dit *Gournay* (ou
le Pied-de-Cochon), avec des restes de cons-
tructions romaines, dans la propriété de
M. Dusaussay, appartenant aujourd'hui à
Mme Jousselin de Ripaillette. — Donnée par
Mme veuve Adnot, de Chappes, 1890.

162. GIAMILOS. Tête à droite.

℞. — SIINVI. Oiseau éployé picorant à gauche;
derrière, pentagone.   Br., 3 g. 15

Pr. — Collect. Bochot, 1878.

Voy. Catalog. des Mon. gaul. de la Bibl. nat., n° 7565. —
Lelewel, pl. VII, n° 3. — Hucher, *L'Art gaulois*,
pl. LXXXII, n° 2.
Le nom de Giamillius (Giamilos de notre monnaie) figure
sur une pierre découverte à Stenay (Meuse) et sur une
pierre du cimetière gallo-romain de Reims. (Voy.
M. Héron de Villefosse, *Bullet. épigraphique de la
Gaule*, mai-juin 1883. — A. Nicaise, Mém. de la Soc.
d'Agricult., Sciences, etc., du département de la Marne,
année 1882-1883.)

163. Tête casquée à gauche; devant, globule.

℞. — Cheval à gauche; dessus, trois globules;
dessous, cinq autres globules.   Pot., 2 g. 35

Pr. — Coulmiers-le-Sec. — Donnée par M. Billon, 1876.

Voy. Catalog. des Mon. gaul. de la Bibl. nat., n° 7388.

164. *Idem.* Pot., 2 g. 35

Pr. — Trouvée dans le département de l'Aube.
Donnée par M. Bossuat, 1884.

165. *Idem.* Pot., 3 g. 05

Pr. — Trouvée en 1865 dans le bief du moulin
de Buxières (Aube). — Collect. de M. l'abbé
Garnier, achetée en 1895.

166. Tête nue à droite.

℞. — Cheval à gauche. Trois globules dans le
champ. Pot., 3 g. 95

Pr. — Collect. Bochot, 1878.

Voy. Catalog. des Mon. gaul. de la Bibl. nat., n° 7417.

167. *Idem.* Pot., 3 g. 13

Pr. — Trouvée à Mailly (Aube). — Donnée par
M. Febvre, libraire à Troyes, 1884.

168. *Idem.* Pot., 4 g. 50

M. Pr. — M. Don., 1884.

169. *Idem.* Pot., 4 g. 50

Pr. — Trouvée à Villemaur. — Donnée par
Mme Bochot mère, 1882.

170. *Idem.* Pot., 4 g. 15

Pr. — Donnée par M. le Dr Forest.

171. *Idem.* Pot., 3 g. 90

Pr. — Trouvée à Trancault. — Donnée par
M. l'abbé Froment, vicaire de Saint-Panta-
léon, à Troyes, 1896.

172. *Idem.* Très fruste et endommagée. Pot., 2 g. 50

Pr. — Trouvée à Troyes, dans les fouilles
pratiquées pour la pose des nouvelles
conduites d'eau, en 1895. — Donnée par
l'Administration municipale de Troyes.

173. *Idem.* Pot., 4 g. 18

Pr. — Collect. Bochot, 1878.

174. *Idem.*

℞. — Cheval à gauche, deux globules dans le
champ.   Pot., 3 g. 95

Pr. — Trouvée à Châtres (Aube). — Donnée
par M. Benoît, 1863.

Voy. Catalog. des Mon. gaul. de la Bibl. nat., n° 7412.

175. *Idem.*   Pot., 3 g. 90

Pr. — Trouvée à Auxon (Blanum). — Collect.
Bochot, 1878.

176. Tête à gauche casquée.

℞. — Cheval à gauche; dans le champ, trois
globules.   Pot., 5 g. 05

Pr. — Trouvée à Coursan. — Collect. Bochot,
1878.

Voy. Catalog. des Mon. gaul. de la Bibl. nat., n° 7408.

MELDI

Peuple gaulois (4ᵐᵉ Lyonnaise), à l'est des Parisii, au nord des
Auréliani et à l'ouest des Senones. Ils avaient pour capitale
Iatium, nommée depuis *Meldi* (Meaux). Strabon et Ptolémée
les placent dans la Belgique.

177. (EP)ENOS. Tête jeune, imberbe, à gauche.

℞. — Cheval bridé et sanglé courant à droite;
au-dessus, un oiseau éployé; dessous, croissant les pointes en bas.   Br., 3 g. 69

La pièce, ayant été mal frappée, ne porte pas
l'inscription qui devait être : ΕΠΗΝΟϹ.

Pr. — Trouvé à Saint-Loup-de-Buffigny. —
Acquisition de la Soc. Acad., 1868.

Voy. Catalog. des Mon. gaul. de la Bibl. nat., n° 7617.
— *Rev. num. fran.*, 1859, p. 81; *id.*, 1859, p. 100;
id., 1860, p. 357. — Hucher, *L'Art gaulois*, pl. xvi,
n° 2. — Lelewel, pl. vi, nᵒˢ 44, 45.

Des monnaies semblables ont été trouvées à La Ferté-
sous-Jouarre, à Beaumont-sur-Oise, aux environs de
Roye, près de Pierrefonds, à Paris, à Vendeuil-Caply.

178. Tête à gauche, collier de perles au cou ;
devant la face, plusieurs annelets.

℞. — ΔΕΙΟVΙGΙΙΑGΟϹ. Cheval à droite ; dessous, sanglier.   Br., 4 g. 45

Pr. — Trouvée à Rigny-la-Nonneuse (Aube). —
Achetée par la Soc. Acad. à M. Bossuat,
1884.

Voy. Catalog. des Mon. gaul. de la Bibl. nat., n° 7717.
— *Revue num. franç.*, 1854, p. 85 ; *id.*, 1859, p. 314.
Hucher, *L'Art gaulois*, 2e partie, n° 98.

Variantes : ΔΕΟVΙGΙΑGΟЅ, ΔΕΟVΙGΙΙΑGΟЅ, ΔΕΙΟVGΙ..,
ΛΕΙVΙG.., ΔΕΙVΙGΑG..., ΔΕΙVΙGΙΑG. (Divitiacus).
M. de Saulcy attribue cette monnaie à Divitiacus,
Vergobret des Eduens.

PARISII

Peuple de la 4ᵐᵉ Lyonnaise, au nord des Senones, à l'est
des Carnutes, sur les deux rives de la Seine, dans les départements de la Seine et de la Seine-et-Oise ; chef-lieu *Parisii* ou
Lutetia (aujourd'hui Paris).

179. Tête de Diane à droite, surmontée d'un
croissant ; devant la face, feston.

℞. — Cheval à gauche ; dessus, ∽ couché ; dessous, point et large croissant.   Pot., 4 g. 70

Pr. — Collect. Bochot, 1878.

Voy. Catalog. des Mon. gaul. de la Bibl. nat., n° 7818.

SILVANECTES

Peuple gaulois (2ᵐᵉ Belgique) entre les Parisii, les Meldi,
les Bellovaci, les Viducasses ; chef-lieu *Silvanectes* (aujour-
d'hui Senlis).

180. Tête nue à droite ; devant la face, croissant ;
collier de perles au cou ; annelets au pourtour.

℞. — Cheval à gauche; dessus, ∽ couché; dessous, A et annelet; au pourtour, annelets et
grenetis.   Pot., 5 g. 03

Pr. — Collect. Bochot, 1878.

Voy. Catalog. des Mon. gaul. de la Bibl. nat., n° 7862.

D'après le Catalog. des Mon. gaul. de la Bibl. nat., des
médailles semblables ont été trouvées à Paris, à
Noyon, à Compiègne, à Senlis, à Beaumont-sur-Oise.

BELLOVACI

Une des plus fortes tribus de la 2me Belgique, entre les
Ambiani, les Silvanectes et les Viducasses. Son territoire
représente actuellement, en très grande partie, le département de l'Oise; il avait pour chef-lieu une ville du même nom
(*Beauvais*), que les Romains appelèrent *Cæsaromagus*.

181. Tête casquée à gauche.

℞. — CRICIRV. Cheval ailé galopant à
gauche. Bordure en grenetis. Br., 3 g. 10

Pr. — Collect. Bochot, 1878.

Voy. Catalog. des Mon. gaul. de la Bibl. nat., n° 7951.
Rev. num., 1836, pl. x, n° 6 ; *id.*, 1860, p. 353. —
Lelewel, pl. vi, n° 40. — *Dict. d'archéolog. celt.*,
n° 113.

Variantes : CRICR, CRICRV, CRICIRO. CRICIRV.

M. de Saulcy, dans la *Revue numismatique*, année 1867,
p. 30, n° 72, donne la description d'une monnaie semblable qu'il attribue au chef bellovaque Criciru (le
Correus rendu célèbre par la 8e campagne de César).
Ce guerrier aurait pris part à une levée de boucliers
qui eut lieu contre les Romains à l'instigation des
Carnutes, des Cadurkes et des Andegaves, tentative
qui fut aussitôt réprimée (an 52 avant J.-C.). Voy.
Revue archéol., 1868, p. 67 et 122. — **M.** Anatole
de Barthélemy pense que la présence très fréquente à
l'oppidum de Pommiers (l'ancien Noviodunum Sues-
sionum) de monnaies de CRICIRU, autorise à re-
garder ce chef comme suession et à restituer à cette
cité les monnaies d'or et de bronze qu'on avait jusqu'alors attribuée aux cités voisines (*Rev. celtique*,
viii, 1887. Chronique, p. 399). Aujourd'hui, il est
prouvé que Criciru est un ancien chef suession.

182. Buste de Diane à gauche, le cou orné du torques.

R̂. — CALIAGIIIS. Aigle et aiglon éployés. Br., 3 g. 34

Pr. — Collect. Bochot, 1878.

Voy. Catalog. des Mon. gaul. de la Bibl. nat., n° 8000. — *Revue num.*, 1855, p. 365. — Hucher, *L'Art gaulois*, 1ʳᵉ partie, n° 2, pl. x, et pl. xxxiii, n° 1.

183. Buste de Diane à gauche, le cou orné du torques.

R̂. — VANIILOS. Aigle éployé; dans le champ, point centré. Br., 3 g. 50

Pr. — Collect. Bochot, 1878. Achetée par lui à la vente F. de Boisselet.

Voy. Catalog. des Mon. gaul. de la Bibl. nat., n° 7980.— *Rev. num.*, 1855, pl. x. — Hucher, *L'Art gaulois*, 1ʳᵉ partie, n° 1, pl. x, et 2ᵉ partie, n° 103, p. 71. Mém. de la Soc. acad. de Saint-Quentin, 4ᵉ série, t. XI, 1891-1892. — *La numism. du Vermandois*, par M. Derome.

Variantes : VADNIILOS, VADNAIILOS, VANDIILOS, VANDIILIOS, VANDIIALOS.

REMI

Peuple de la 2ᵐᵉ Belgique, entre les Veromandui et les Suessiones à l'ouest, et les Treviri à l'est, dans les départements de l'Aisne, des Ardennes et de la Marne. Chef-lieu *Durocortorum* (Reims); villes principales : *Durocatalaunum* (Châlons) et *Laudunum* (Laon).

184. Trois bustes accolés de profil, à gauche, dans un cercle en grenetis.

R̂. — REMO. — Aurige ou Victoire dans un bige au galop, à gauche. Br., 2 g. 49

Pr. — Trouvée à Troyes. — Collect. Camusat de Vaugourdon.

Voy. Catalog. des Mon. gaul. de la Bibl. n° 8038. — Hucher, *Rev. num. franç.*, 1853, p. 15 ; *id., L'Art gaulois*, 2ᵉ partie, p. 103. — *Rev. num. franç.*, 1854, p. 143.

D'après M. de Saulcy, ces trois têtes représentent les trois
Gaules ; M. Hucher les avait considérées comme étant
l'effigie d'un dieu tricéphale très honoré à Reims.
M. Maxe-Werly rapproche ce bronze des figures
féminines représentant les trois Gaules sur un denier
de Galba.

185. *Idem.*   Br., 2 g. 45

Pr. — Trouvée à Saint-Loup-de-Buffigny (ancien cimetière de Vaïus). — Acq. de la Soc.
Acad., 1868.

186. *Idem.*   Br., 2 g. 45

M. Pr. — Acq. de la Soc. Acad., 1868.

187. *Idem.*   Br., 2 g. 23

M. Pr. — Acq. de la Soc. Acad., 1868.

188. *Idem.*   Br., 3 g. 05

M. Pr. — Acq. de la Soc. Acad., 1868.

189. *Idem.*   Br., 2 g. 70

Pr. — Collect. Bochot, 1878.

190. *Idem.*   Br., 3 g. 25

Pr. — Collect. Camusat de Vaugourdon.

191. *Idem.*   Br., 2 g. 55

Pr. — Trouvée à Auxon (Aube). — Collect.
Bochot, 1878.

192. *Idem.*   Br., 2 g. 18

Pr. — Trouvée dans le département de l'Aube.

193. *Idem.*   Br., 2 g. 24

Pr. — Trouvée à Saint-Oulph (Aube). — Donnée
par M. Viard-Clivot, 1887.

194. *Idem.*   Br., 2 g. 75

Pr. — Trouvée à Romilly-sur-Seine. — Collect.
de M. l'abbé Garnier, 1895.

195. *Idem.* Avers mal frappé.   Br., 2 g. 50

Pr. — Collect. de M. l'abbé Garnier, 1895.

196. *Idem.*   Br., 3 g. 06

Pr. — Trouvée à Troyes. — Collect. de M. l'abbé
Garnier, 1895.

Des médailles semblables ont été trouvées à Reims, à
Paris, à Palenne près Pierrefonds. — Reproduite
par la gravure dans les Mém. de la Soc. Acad. de
l'Aube, 1866, pl. I.

197. Tête de Janus ; devant chaque tête, un annelet ; dessous, deux cercles centrés.

℞. — Lion à gauche, la langue pendante ; dessus, trois annelets ; dessous, un annelet.   Br., 3 g. 30

Pr. — Collect. Bochot, 1878.

Voy. Catalog. des Mon. gaul. de la Bibl. nat., n° 8106.

Cette monnaie est attribuée aux Eduens par M. de
Saulcy : ils l'auraient émise vers l'an 50 avant J.-C.
(Voy. *Revue arch.*, 1868, p. 57 et 122). — Aujour-
d'hui, suivant M. A. de Barthélemy, on est tenté de
l'attribuer aux Suessions. — Des monnaies semblables
ont été recueillies à Meaux, Vendeuil, Crépy et Châ-
teau-Thierry.

198. Légende fruste. Tête imberbe à gauche ; au
cou, torques ; derrière, rosace (?) ou E (?).

℞. — Lion à gauche ; dessous, dauphin.   Br., 5 g. 65

Pr. — Collect. Bochot, 1878.

Voy. Catalog. des Mon. gaul. de la Bibl. nat., n° 8054,
dont cette monnaie est une variante. Les monnaies de
ce type portent la légende ATISIOS REMOS. On en a
trouvé de semblables à Paris, à Reims et à Corbeny
(Aisne). Voy. M. L. Maxe-Werly, *Num. rém.*. pl. I,
fig. 4. — M. de Saulcy voit dans ATISIOS la forme
romaine du nom du chef AΘIIDIAC, que l'on trouve
aussi associé à celui d'Aulus Hirtius. — La Saussaye,
Rev. num. franç., 1838, p. 81, note. — De Longpérier, *Notice des mon. franç.*, de J. Rousseau, p. 13.

CATALAUNI

Partie intégrante des Remi ou des Lingones, 2me Belgique
Capitale *Catalaunum* (Châlons-sur-Marne).

199. Guerrier debout marchant à droite, tenant
une lance et le torques.

R̥. — Ours à droite ; au-dessus, serpent.   Pot., 6 g. 05

Pr. — Trouvée à Troyes.

Voy. Catalog. des Mon. gaul. de la Bibl. nat., n° 8124.
— Lambert, 1re partie, pl. ɪ, n°s 17 et 18. — Lelewel,
pl. v, fig. 6.

Monnaie grossièrement coulée, très abondante, commune
chez le peuple appelé plus tard Catalauni et aussi
chez les Remi. Son type du droit se retrouve sur un
bijou de l'époque mérovingienne en or repoussé,
découvert au-delà du Rhin et publié à Copenhague
par la Soc. des Antiquaires du Nord (Atlas, 1857,
pl. vɪɪɪ, n° 156).

200. *Idem.*   Pot., 6 g. 47

Pr. — Trouvée dans le départ. de l'Aube. —
Donateur anonyme, 1863.

201. *Idem.*   Pot., 4 g.

Pr. — Acquisit. de la Soc. Acad., 1883.

202. *Idem.*   Pot., 4 g. 39

Pr. — Donnée par M. de Rouvray.

203. *Idem.*   Pot., 4 g. 32

Pr. — Collect. Bochot, 1878.

204. *Idem.*   Pot., 4 g. 85

Pr. — Collect. Bochot, 1878.

205. *Idem.*   Pot., 3 g. 63

Pr. — Châlons-sur-Marne. — Acq. de la Soc.
Acad., 1883.

D'après le Catalog. des Mon. gaul. de la Bibl. nat., des
médailles du même type ont été trouvées à Vendeuil
et à Paris. Elles sont communes à Breteuil (Oise), que
l'on croit être l'ancien *Bratuspantium*, ainsi qu'au
camp de la Cheppe (Marne). Ces monnaies ont été
attribuées par Combrousse aux Tornaci. — M. de
Saulcy voit dans la figure du droit *Camulus* le Mars
des Gaulois, connu par des inscriptions.

206. Tête barbare à gauche.

R̥. — Guerrier marchant à droite, armé d'une
lance et d'un bouclier.   Pot., 3 g. 70

Pr. — Collect. Bochot, 1878. Achetée par lui
à la vente F. de Boisselet.

Voy. Catalog. des Mon. gaul. de la Bibl. nat., n° 8131.
— Mém. de la Soc. Acad. de l'Aube, 1866, pl. I, notice de M. J. Gréau.

207. Personnage accroupi, de face, se tirant de
chaque main une mèche de cheveux.

℞. — Sanglier à droite ; dessus, serpent ; dessous,
étoile ; devant, croissant.   Por., 4 g. 05

Pr. — Trouvée à Saint-Loup-de-Buffigny. —
Acq. de la Soc. Acad., 1868.

Voy. Catalog. des Mon. gaul. de la Bibl. nat., n° 8145,

208. *Idem.*

℞. — Sanglier à droite ; dessus, serpent ; devant
et dessous, étoile.   Por., 3 g. 82

Pr. — Trouvée dans le département de l'Aube.
— Donateur anonyme, 1863.

Voy. Catalog. des Mon. gaul. de la Bibl. nat., n° 8153.

INCERTAINES DE L'EST

209. Tête casquée à gauche.

℞. — Cheval galopant à gauche ; au-dessus,
KAL ; dessous, ʌ.   Æ., 1 g. 87

Pr. — Somme-Tourbe. — Acq. de la Soc.
Acad., 1883.

Voy. Catalog. des Mon. gaul. de la Bibl. nat., n° 8222.
— Hucher, *L'Art gaulois*, 1ʳᵉ part., pl. LVIII. — *Dict.
arch. de la Gaule*, fig. 62. — Ch. Robert, *Mon. gaul.*,
p. 47. — M. Maxe-Werly, Etude sur les mon. antiq.
recueillies au château de Boviolles de 1802 à 1874.

M. de Saulcy attribue cette médaille aux Eduens (*Revue
num.*, 1867, p 36). D'après lui, le mot KAΛΕΤΕΔΟV
est la vraie forme du mot celte servant à nommer les
Edui. En scindant ce mot en deux parties, il a vu dans
la première, KAΛΕT, la transcription d'un qualifi-
catif répondant au mot *celte* et au mot *dur*, puis dans
la seconde partie du mot, ΕΔΟV, il a découvert l'eth-
nique des Eduens, de sorte que la légende entière ré-
pondrait aux mots *Celtes-Eduens* ou *Dur-Eduens*.

M. de Saulcy pense en outre que cette monnaie, qui paraît reproduire comme poids le type du quinaire pesant 1 gr. 95, aurait été émise aussitôt que l'alliance romaine contractée en 123 avant J.-C. eut permis aux Eduens de se donner le titre de frères du peuple romain (*Rev. archéolog.*, 1868, p. 127). — M. Maxe-Werly croit cette monnaie commune aux Leukes, aux Mediomatriks, aux Séquanes, aux Lingons et aux Eduens, c'est-à-dire aux peuples de la région du N.-E. de la Gaule qui, unis par des liens de fédération, frappaient des monnaies à un type destiné à avoir cours dans toute l'étendue de leur territoire. Ces petites pièces à légendes grecques paraissent relativement anciennes; elles sont très communes dans l'Est. — On en a trouvé 10,000 à Robach (Vosges).

210. Tête casquée à gauche.

℞. — Cheval galopant à gauche; au-dessus, ΚΑΛ; dessous fruste. Æ., 1 g. 90

Pr. — Somme-Tourbe. — Acq. de la Soc. Acad., 1883.

211. *Idem.*

℞. — Cheval galopant à gauche; au-dessus, ΚΑΛ; dessous … ? Æ., 1 g. 95

212. Tête casquée à gauche; derrière, annelet cannelé à l'extérieur.

℞. — ΚΑL. Cheval sanglé et bridé galopant à gauche; dessous, la moitié d'une roue à 4 rais (ou demi-cercle avec diamètre et rayon). Mal frappée. Æ., 1 g. 85

Pr. — Trésor de la Villeneuve-au-Roi. — Donnée par M. Duval de Fraville, 1868.

Voy. Catalog. des Mon. gaul. de la Bibl. nat., n° 8174.

213. *Idem.* Æ., 1 g. 83

Pr. — Trésor de la Villeneuve-au-Roi. — Donnée par M. Adrien Tresse, 1866.

214. Tête casquée à gauche.

℞. — ΚΑL. Cheval à gauche; dessous, ΔE superposés; devant le poitrail, Y. Æ., 1 g. 88

Pr. — Somme-Tourbe. — Acq. de la Soc. Acad., 1883.

215.   Tête casquée à gauche.

R̶. — KAΛ. Cheval à gauche; dessous, ▽;
entre les jambes de devant, E; devant le
poitrail, V.   Æ, 2 g. 10

Pr.— Somme-Tourbe. — Acq. de la Soc Acad.,
1883.

216.   Tête casquée à gauche; grenis sous le
casque.

R̶ — (KAL). Cheval à gauche; dessous le corps,
▽; entre les jambes de devant, O. (La lé-
gende était peut-être KAΛEΔOV?)   Æ., 1 g. 87

Pr. — Trouvée à Beauvoir, près Les Riceys
(Aube) —Collect. de M. l'abbé Garnier, 1895.
Il la tenait de M. le curé de Bagneux, qui
l'avait recueillie.

Voy. Catalog. des Mon. gaul. de la Bibl. nat., nº 8174.

217.   Tête casquée à gauche.

R̶. — Cheval à gauche; sous le ventre, ▽Λ; un
pied de devant à terre, l'autre levé; entre, O.   Æ., 1 g. 88

Pr. — Trésor de la Villeneuve-au-Roi. —
Collect. Bochot, 1878.

Voy. Catalog. des Mon. gaul. de la Bibl. nat., nº 8248.

218.   Tête casquée à gauche, grenetis sous le
casque et collier en grenetis.

R̶. — KAΛ. Cheval galopant à gauche; dessous, ▽E superposés. Le devant du cheval
manque.   Æ., 1 g. 97

Pr. — Collect. Bochot, 1878. Acquise par lui
à la vente F. de Boisselet.

219.   Tête casquée à gauche.

R̶. — KAL Cheval à gauche, dessous, Δ.   Æ., 1 g. 94

Pr. — Collect. Bochot, 1878.

Voy. Catalog. des Mon. gaul. de la Bibl. nat., nº 8298.

220.   Tête casquée à gauche; derrière, annelet
cannelé en dehors.

R̶. — KAL. Cheval galopant à gauche; dessous,
une roue.   Æ, 1 g. 87

Pr. — Trésor de la Villeneuve-au-Roi. — Collect. Bochot, 1878.

Voy. Catalog. des Mon. gaul. de la Bibl. nat., n° 8174.

221. *Idem.*   Æ., 1 gr. 94

Pr. — Collect. Bochot, 1878. Achetée par lui à la vente F. de Boisselet.

222. Tête casquée à gauche.

℞. — Cheval galopant à gauche; dessous, rouelle ou cercle centré.   Æ., 1 g. 80

Pr. — Trouvée à Coussegrey en 1877. — Donnée par M. Henri Guéniot, 1877.

Voy. Catalog. des Mon. gaul. de la Bibl. nat., n° 8299. — Mém. de la Soc. Acad. de l'Aube, 1877, p. 421.

223. DVRNACOS. Tête de Pallas, à droite.

℞. — Cavalier au galop, la lance en arrêt; à droite, à l'exergue : AVS... (Auscro).

Pr. — Collect. Bochot, 1878.

Voy. Catalog. des Mon. gaul. de la Bibl. nat., n° 5749. — *Rev. num.*, 1853, p. 5; *id.*, 1869, p. 2. — Hucher, *L'Art gaulois*, 1ʳᵉ partie, pl. XLIV, XLVIII et LXIV; 2ᵉ partie, n° 119 et 134. — *Rev. celt.*, 1873, p. 104. — M. de Saulcy regarde toutes ces monnaies comme appartenant au numéraire que les Gaulois unis firent frapper durant leur lutte contre Arioviste. Toutefois, le prototype romain était bien plus ancien, et il aurait pu être copié par les Gaulois avant l'arrivée d'Arioviste. (Voy. Mommsen, *Hist. de la mon. rom.*, t. IV, p. 25 et 26.) On peut donc faire remonter l'émission de cette monnaie bien au delà de la moitié du 1ᵉʳ siècle avant J.-C. — En 1895, à Gerbex (Savoie), on a découvert une amphore remplie de monnaies gauloises parmi lesquelles étaient des quinaires au type du cavalier portant les légendes *Durnacos Auscro* et *Durnacus Donnus*, type rencontré dans l'Isère et la Drôme, à Hostun, à Valence et à Crest.

224. Tête de Pallas à droite; devant, ROVV.

℞. — CN. VOL. Cavalier au galop à droite.

Pr. — Collect. Bochot, 1878.

Voy. Catalog. des Mon. gaul. de la Bibl. nat., n° 5895. — De Lagoy, *Notice*, in-4°, 1847, p. 7 et 9. — *Rev. num.*, 1860, p. 425. — Hucher, *L'Art gaulois*, 2ᵉ part., n° 129, 130, 131, p. 81.

On a cru trouver dans CN. VOL. le nom romain CN(eius)
VOL(untillus).

225. Tête de Pallas à droite; devant, BRI.

℞. — Cavalier au galop, la lance en arrêt, à
droite; à l'exergue, COMA. Æ., 2 g. 18

Pr. — Collect. Bochot.

Voy. Catalog. des Mon. gaul. de la Bibl. nat., n° 5816.
Hucher, *L'Art gaulois*, 2° part., n° 125, p. 80. —
Rev. num., 1860, p. 419. — Variantes : BRI-BRI,
BRIC-COMAN, BRI-COMA, BRICO-COMA, COMA.

226. Deux faces de profil séparées par une ligne
en relief, adossées l'une à l'autre en sens
inverse et regardant ainsi toutes deux à
droite.

℞. — Sanglier à gauche; dessous, caractères
en deux lignes formant, croit-on, la légende
VINΔIA. Por., 2 g. 88

Pr. — Trouvée à Lantages (Aube), dans un
champ de terre labourée. — Collect. de
M. l'abbé Garnier, 1895. — Cette monnaie
a été donnée à M. Garnier par M. Jules
Doussot.

Voy. Catalog. des Mon. gaul. de la Bibl. nat., n° 8318.
M. de Saulcy lisait sur cette médaille le nom des Eduens
(AIΔOVIN), en commençant à déchiffrer par la 2° ligne
(*Rev. num.*, 1861, p 84). M. Hucher a lu OVANΔIL
(*Rev. num.*, 1859, pl. II, n° 15). — La médaille du
même type décrite dans le Catalogue de la collection
J. Gréau, sous le n° 74, porte au revers, au-dessus du
sanglier, le monogramme EΔ. Sur l'exemplaire très
net du Musée de Troyes on pourrait lire AGENΔIA
(Agendil). Aucune monnaie de ce genre n'ayant
été rencontrée dans les champs de bataille d'Alise, il y
a tout lieu de croire qu'elle est postérieure à l'an 52
avant J.-C. (de Saulcy, *Revue archéolog.*, 1868,
p. 133).

227. *Idem.* — Très fruste. Pot., 2 g 38

Pr. — Trouvée à Lantages en même temps que
la précédente. — Collect. de M. l'abbé Garnier, 1895.

228. *Idem.*   Pot., 2 g. 35

Pr. — Trouvée vers 1865, avec une quinzaine
d'autres potins de types variés, dans les travaux du bief du moulin de Buxières (canton
d'Essoyes, arrondissement de Bar-sur-Seine
(Aube). Plusieurs de ces potins tenaient encore l'un à l'autre. — Collect. de M. l'abbé
Garnier, 1895.

229. *Idem.*   Pot., 2 g. 64

Pr. — Collect. Bochot, 1878.

230. *Idem.*   Pot,. 2 g. 81

Pr. — Trouvée à Troyes, près de la glacière. —
Donnée par M. Fléchey, 1854.

231. *Idem.*   Pot., 2 g. 95

Pr. — Collect. Bochot, 1878.

232.   Tête barbare à gauche.

R̶. — Cheval galopant à gauche. — Le diamètre ne l'empreinte du revers est moins grand
que pour celle de l'avers; il ne mesure que
15$^{m/m}$ au lieu de 17.   Pot., 2 g. 85

Pr. — Trouvée dans le bief du moulin de
Buxières. — Collect. de M. l'abbé Garnier,
1895.

Voy. Catalog. de la Bibl. nat., n° 7434.

MONNAIES ATTRIBUÉES AUX LINGONS

Les Lingons étaient un peuple gaulois qui fut compris dans
la 1re Lyonnaise. Iis habitaient au nord des Edui, à l'ouest
des Sequani et à l'est des Senones, sur les deux versants de
la Côte-d'Or, dans le pays qui forma la Champagne orientale
et, depuis, les départements de la Haute-Marne, de la Côte-
d'Or, de l'Aube et de l'Yonne. Chef-lieu *Audomatunum* ou
Lingones (aujourd'hui Langres).

233. Bucrânes entre deux **S**; au-dessus, un
fleuron en forme de joug.

    ℞. — Ours dévorant un serpent, à droite. Bor-
    dure en grenetis.   Pot. 3 g. 43

    Pr. — Trouvée à Villiers-sur-Seine (Seine-et-
    Marne). — Collect. de M. l'abbé Garnier,
    1895.

    Voy. Catalog. des Mon. Gaul. de la Bibl. nat., n° 8351.—
    Mém. de la Soc. Acad. de l'Aube, 1866, pl. I.

    Des exemplaires de cette médaille ont été trouvés à Pier-
    refonds et à Paris.— Ce bronze, aux types du bucrâne
    et de l'ours, avait été attribué aux Lingons par
    M. de Saulcy, mais M. Pistollet de S¹-Fergeux a
    objecté que, sur 43 découvertes de bronzes ou potins
    gaulois faites à Langres, ce type ne s'est trouvé qu'une
    seule fois et en un seul exemplaire, tandis qu'on l'a
    rencontré en nombre aux environs de Nancy, chez les
    Leukes. — Voy. *Ann. de num.*, 1867, p. 33 et suiv.

234. *Idem.*   Pot., 4 g. 47

    Pr. — Collect. de M. l'abbé Garnier, 1895.

235. *Idem.*   Pot., 3 g. 19

    Pr. — Collect. Bochot.

236. *Idem.*   Pot., 4 g. 30

    Pr. — Trouvée dans le département de l'Aube.
    Donateur anonyme, 1863.

MONNAIES ATTRIBUÉES AUX TRICASSES [1]

237. Trois parties saillantes sur une surface légè-
    rement convexe et pouvant très bien corres-

---

    [1] Nous ferons remarquer qu'il n'est pas prouvé que les Tricasses
aient eu une monnaie particulière.

    Les Tricasses, en effet, ne sont-ils pas, d'après un grand nombre
d'auteurs, une tribu démembrée des Lingons et d'après nous, des
Senones ? (Voy. p. 33.)

pondre à certains reliefs de la tête placée sur
la monnaie d'argent qui figure dans l'Atlas
des Monnaies gauloises de la Bibl. nat., publié par M. H. de la Tour, sous le n° 3 de la
planche LV, reproduisant quelques monnaies
gauloises de la collect. Danicourt, conservée
au musée de Péronne.

℞. — Partie légèrement concave, présentant
quatre défenses de sanglier ou quatre poissons disposés en cercle autour d'un globule
de fort relief.   Æ., 4 g. 70

Pr. — Achetée en 1885, par la Soc. Acad. de
l'Aube, à Raguin, numismate à Paris, qui
s'en était rendu acquéreur à la vente Charvet.
— Cette monnaie ayant une certaine analogie
avec celles qui sont attribuées aux Tricasses,
nous avons cru convenable de l'en rappro-
cher et de lui attribuer, sous toutes réserves,
la même origine.

238. Trois croissants ou plutôt (suivant l'auteur
de ce catalogue-ci) trois défenses de sanglier,
disposés en forme de triskèle autour d'un
cercle centré.

℞. — Trois **S**, ou mieux trois canettes (petits
canards) autour d'un globule central. Pot., 3 g. 94

Pr. — Collect. Bochot, 1878.

Voy. Catalog. des Mon. gaul. de la Bibl. nat., n° 8329,
dont la pièce ci-dessus décrite est une variété. — *Ann.
de num.*, 1867, p. 23 et suiv.

Cette monnaie se rencontre dans la plupart des découvertes faites aux environs de Langres; c'est la médaille
en potin que l'on trouve le plus dans cette ville. On l'a
trouvée également à Andelot, à Beviolles, dans le
département de la Meurthe. Elle est très rare dans la
Séquanaise.

239. *Idem.*   Pot., 4 g. 90

Pr. — Trouvée à Troyes. — Donnée par M.
Grosdemenge, 1870.

240. *Idem.*   Pot. 2 g. 96

Pr. — Châlons-sur-Marne. — Acq. de la Soc.
Acad. de l'Aube, 1883.

241. Trois chats (ou mieux, trois castors) courant en cercle autour d'un globule central. Bordure en grenetis.

℞. — Incus.   Por., 2 g. 33

P. — Châlons-sur-Marne. — Acq. de la Soc. Acad. de l'Aube, 1883.

Voy. Mém. de la Soc. Acad. de l'Aube, 1866, *Etude sur quelques monnaies, etc.*, par M. J. Gréau.

Dans les fouilles d'Alise, on a trouvé des pièces en potin anépigraphiques que MM. de Saulcy et de Salis ont attribuées aux Tricasses de préférence aux Lingons. L'exemplaire de la collect. de Saulcy porte d'un côté l'empreinte de trois quadrupèdes, disposés en cercle, qui peuvent être des chiens ou des chats (M. de Saulcy opine en faveur d'armes parlantes. Ces trois petits quadrupèdes seraient des chats, — en néo-celtique : *Tricas*), et un cercle formé de points ou de perles. Sur l'autre côté sont trois autres figures, peut-être trois poissons, aussi disposées en cercle. (*Rev. archéol.*, t. XIII, 407, 3ᵐᵉ série, De Saulcy, *Aperçu général sur la numismatique gauloise.*) Voy. notre Introduction, p. 36.

ATREBATES

Tribu de la 2ᵐᵉ Belgique, au Nord, entre les Ambiani, les Veromandui, les Nervii et les Morini, et qui occupait l'ancien Artois ou la partie orientale des départements de la Somme et du Pas-de-Calais. Chef-lieu *Atrebates* ou *Nemetacum*, aujourd'hui Arras.

242. Buste lauré à droite ; tige verticale derrière l'oreille.

℞. — Cheval disloqué à droite, avec globules dans le champ ; au-dessous, triskèle.   Or, 6 g. 35

Pr. — Collect. Bochot, 1878.

Voy. Catalog. des Mon. gaul. de la Bibl. nat., n° 8603 à 8619. D'après ce Catalogue, des découvertes de cette monnaie auraient eu lieu à Vic-sur-Aisne, Marché-au-Pot (Somme), Roye, Montreuil-sur-Mer, Maubeuge, Abbeville et Beauvais.

243. Tête fruste.

    ℞. — Cheval disloqué à droite ; dessous, deux
       globules ; au-dessus, légende illisible, en
       partie enlevée.   Or, 6 g. 25

    Pr. — Collect. Bochot, 1878.

    Voy. Catalog. des Mon. gaul. de la Bibl. nat., n° 8651. —
    Hermand, *Num. gallo-belge*, statère Atrebate, pl. XI,
    fig. 10.

TREVIRI

Les Treveri ou Treviri, peuple de la 1ʳᵉ Belgique, habitaient
au nord des Mediomatrici, dans le grand duché de Luxem-
bourg et la Prusse rhénane. Chef-lieu *Treviri* ou *Augusta
Treverorum*, aujourd'hui Trèves.

244. Œil de profil tourné à droite.

    ℞. — Cheval galopant à gauche ; devant,
       astre ; dessus, ornement en forme de cœur ;
       entre les jambes, deux cercles concentriques
       et centrés.   Or, 6 g. 15

    Pr. — Collect. Bochot, 1878.

    Voy. Catalog. de la Bibl. nat., n° 8809. — Alex. Hermand,
    Rev. num. belge, 4ᵐᵉ série, t. III, p. 3 et pl. I.

ADUATICI

Peuple de la 2ᵐᵉ Belgique. Il occupait le territoire actuel
de la province de Namur (royaume de Belgique), entre les
deux rives de la Mosa (Meuse), vers son confluent avec la Sabis
(la Sambre). Ils avaient pour voisins à l'est les Nervii et au
sud-ouest les Eburons, dont ils occupèrent le territoire après
que ceux-ci eurent été décimés par César. Leur capitale était
Aduatica, aujourd'hui Tongres, ville du royaume de Belgique,
à l'ouest-sud-ouest de Maestricht.

245. Tête à gauche.

℞. — Quatre crosses disposées en forme de croix
ou de moulinet. Pot., 3 g. 10

Pr. — Collect. Bochot, 1878.

On a trouvé au Mont-César plusieurs exemplaires de cette
monnaie, qui nous a paru pouvoir être attribuée aux
Aduatici.

Voy. Catalog. des Mon. gaul. de la Bibl. nat., n⁰ˢ 8868 et
suivants. — *Revue num.*, 1865, p. 140 : article de
M. A. de Barthélemy.

Ces médailles, qui témoignent du développement de l'idée
quaternaire dans les Gaules, semblent appartenir aux
dernières époques de l'autonomie gauloise. C'est à tort
que M. Lambert et d'autres les considéraient comme les
plus anciens produits de la numismatique gauloise.

VERUNI

Les Verodunenses ou Veruni, peuple de la 1ʳᵉ Belgique,
habitaient à l'est des Leuci et des Mediomatrici. Leur territoire correspondait à peu près à celui qu'occupe le département de la Meuse. Chef-lieu *Verodunum*, aujourd'hui Verdun.

246. Tête ceinte d'un triple diadème, à droite;
empreinte sur une partie bombée.

℞. — Cheval à droite, regardant en arrière; dessus, rameau; dessous, rosace; devant, croix,
le tout empreint sur une partie concave. Elect., 7 g.

Pr. — Givry-en-Argonne. — Acq. de la Soc.
Acad., 1883.

Voy. Catalog. des Mon. gauloises de la Bibl. nat., n⁰ 9000.

247. Tête à droite. Flan bombé de ce côté.

℞. — Cheval à gauche, regardant en arrière;
dessus...?; dessous, lyre. — Flan creux de
côté. Elect., 6 g. 98

Pr. — Givry-en-Argonne. — Acq. de la Soc.
Acad., 1883.

Voy. Catalog. des Mon. gaul. de la Bibl. nat., n⁰ 8988. —
Hucher, *L'Art gaulois*, 1ʳᵉ partie, pl. LXI, n⁰ 2.

MEDIOMATRICI

Peuple de la 1re Belgique, entre les Leuci et les Treveri, dans les départements de la Meuse, de la Moselle et du Bas-Rhin. *Divodurum* ou *Mediomatrici* (Metz) était leur chef-lieu.

248. Tête d'Apollon, à droite.

℟. — Pégase à droite. A l'exergue, points simulant une légende. Quart de statère.   Or, 1 g. 96

Pr. — Collect. Bochot, 1878.

Voy. Catalog. des Mon. gaul. de la Bibl. nat., n° 8956. —
Lelewel, pl. ɪv, fig. 34. — Ces pièces sont abondantes
chez les Mediomatrici, mais se trouvent aussi ailleurs
en France.

LEUCI

Peuple de la 1re Belgique, au sud des Mediomatrici, au nord des Séquani, dans la partie méridionale de la Lorraine, entre la Meuse et les Vosges, région comprise aujourd'hui dans les départements de la Meurthe et des Vosges. Chef-lieu *Tullum* (Toul) ou *Nasium* (Naix ou Nancy).

249. SOLI(MA). Tête à gauche.

℟. — Cheval sanglé et bridé galopant à gauche;
dessous, dauphin en sens contraire.   Ⱥ., 1 g. 67

Pr. — Collect. Bochot, 1878.

Voy. Catalog. des Mon. gaul. de la Bibl. nat., n° 9031. —
Hucher, *L'Art gaulois*, II, p. 134, n° 217.

On a trouvé des monnaies semblables à Vendeuil-Caply
(Oise) et à Chantenay (Nièvre). D'après M. Ch. Cournault, on en rencontre souvent dans le pays des
Leuci. Quelques personnes ont attribué cette pièce à
SOLIMARIACA des Leuci, que l'on avait placée
induement à Soulosse. Suivant M. Hucher, il faut
voir dans SOLIMA le commencement du nom de
Solimaricus, ou Solimabius, chef probable des Bituriges.

' Voy. *Rev. num.*, 1838, p. 405. — Lelewel, pl. iii,
n⁰ˢ 29, 30, 31, et pl. iv, n⁰ˢ 37, 38, 39.— Duchalais,
n⁰ˢ 531 à 533.

Aujourd'hui, on est complétement revenu de l'attribution
de cette monnaie aux Leuci, proposée jadis par
M. de Saulcy. La médaille de Solima est considérée
comme appartenant aux Bituriges. Si nous la laissons
figurer parmi celles des Leuci, c'est que nous avons
pris pour référence le Catalog. des Mon. gaul. de la
Bibl. nat., qui la classe ainsi.

250 à 265. Tête casquée à gauche.

R̸. — Taureau cornupète, à droite ; au-dessus,
lis entre deux globules.   Por., 3 g. 49

Pr. — Villiers-le-Bois (Aube). — Données par
M. Thavot, 1863.

Voy. Catalog. des Mon. gaul. de la Bibl. nat., n° 9157,
avec la différence que le fleuron placé devant la
bouche, s'il existe, est très peu accentué. — Les
monnaies de ce genre se trouvent en grande quantité à Naix et à Boviolles ; les habitants de ces vil-
lages, qui les possèdent en grand nombre, les nomment
chèvres de Moïse. On en a rencontré de semblables
à Poitiers et à Reims.

En 1863, on découvrit à proximité du village de Villiers-
le-Bois (arrondissement de Bar-sur-Seine, canton de
Chaource, Aube), dans les contrées dites *des Che-
velus, des Montbris* et *des Naus,* dépendant du
du finage d'Arthonnay (Yonne), un grand nombre de
cercueils en pierre, de médailles antiques, de pote-
ries, etc.... Les monnaies gauloises données par
M. Thavot, de Villiers-le-Bois, proviennent de cet
endroit. On doit se souvenir à ce sujet que, dans
les tombes gauloises, on ne rencontre pas de monnaies,
mais que les cimetières gallo-romains et franco-
mérovingiens donnent des monnaies gauloises.

Le mot *nau* ou *no,* servant à désigner une contrée
voisine de Villiers-le-Bois, a la signification de notre
mot *cercueil.* On lit dans les comptes de l'abbaye de
Notre-Dame-aux-Nonnains de Troyes (Archives de
l'Aube, 22 H, 127 registre, f° 70) : « *A Perrin Mon-
suxain pour avoir fait la fosse et le* no *de la dicte
défuncte payé...* x. i s. iiii d. t. »

Voy. M. d'Arbois de Jubainville, *Rép. arch. de l'Aube,*
1861, p. 65. D'après lui, les habitants de Balnot-la-
Grange appellent les cercueils en pierre, des *noës.*

266. *Idem.*   Pot., 3 g. 50

S. Pr.

267. Tête casquée à gauche ; devant la bouche, un fleuron.

R̸. — Taureau cornupète à droite ; dessus, lis entre deux globules.   Pot., 2 g. 87

Pr. — Trouvée, en 1865, avec d'autres monnaies, dans le bief du moulin de Buxières (Aube). — Collection de M. l'abbé Garnier, 1895.

Voy. Catalog. des Mon. gaul. de la Bibl. nat., n° 9157.

Des monnaies semblables ont été trouvées à Poitiers, à Reims et à Paris.

268. *Idem.*   Pot., 3 g. 25

S. Pr.

269. Tête casquée à gauche.

R̸. — Taureau cornupète à droite ; au-dessus, lis non accompagné de globules. Un point au milieu de la ligne de l'exergue.   Pot., 3 g. 50

Pr. — Romilly-sur-Seine. — Collection de M. l'abbé Garnier, 1895.

Voy. Catalog. des Mon. gaul. de la Bibl. nat., n° 9155.

270. *Idem.* Très fruste.   Pot., 3 g. 40

Pr. — Romilly-sur-Seine. — Collection de M. l'abbé Garnier, 1895.

271. *Idem.*   Pot., 3 g. 10

Pr. — Collection Bochot, 1878. — Trouvée à Verrières (Aube).

272. *Idem.*   Pot., 3 g. 55

Pr. — Mailly (Aube). — Donnée par M. Febvre, 1864. — Trouvée dans le même endroit que les n°s 127, 167, 168.

273. Tête barbare à gauche, casquée.

R̸. — Taureau cornupète, barbare ; dessus, deux annelets.   Pot., 3 g. 35

Pr. — Villiers-le-Bois (Aube). — Donnée par
M. Thavot, 1863.

274. Tête barbare à gauche.

℞. — Sanglier à gauche ; entre les jambes,
trois demi-annelets juxtaposés et placés 1 et 2. Pot., 4 g. 12

Pr. — Collection Bochot, 1878.

Voy. Catalog. des Mon. gaul. de la Bibl. nat., n° 9044. —
Lambert, 2ᵉ partie, pl. 1, n° 27. — M. Maxe-Werly,
Étude sur les mon. antiq. recueillies à Boviolles
(village situé près de Naix, l'ancien *Nasium*, et do-
miné par la montagne du *Chaté*, sur laquelle on a
trouvé un grand nombre de médailles en potin. Il faisait partie du pays des Leuci). Des pièces semblables
ont été trouvées à Bar-sur-Aube, à Vendeuil-Caply,
près de Châlons, à Neufchâteau, à Paris et à Naix.

La forme globuleuse de ces monnaies caractérise les dernières années du monnayage gaulois.

275. *Idem.* Pot., 2 g. 70

Pr. — Trouvée à Paisy-Cosdon (Aube), dans le
lieu dit *le Buisson-aux-Prêtres*. (Voy., pour
les trouvailles faites dans cet endroit, le
Catalog. de l'Archéolog. monum. du Musée
de Troyes, nᵒˢ 49 à 55.) — Donnée par
M. F. Jacquemin, 1886.

276. *Idem.* Pot., 3 g. 90

Pr. — Trouvée avec d'autres dans le bief du
moulin de Buxières. — Collect. de M. l'abbé
Garnier, 1895.

277. *Idem.* Pot., 3 g. 09

Pr. — Trouvée à Rouilly-Saint-Loup. — Donnée par M. François.

278. *Idem.* Pot., 3 g. 20

Pr. — Trouvée à Romilly-sur-Seine.

279. *Idem.* Pot., 3 g. 10

Pr. — Trouvée à Romilly-sur-Seine.

280. *Idem.* Pot., 3 g. 39

Pr. — Trouvée à Villiers-le-Bois. — Donnée
par M. Thavot.

281. *Idem.*   Por., 4 g. 75

 Pr. — Trouvée à Paisy-Cosdon. — Donnée par M. Fléchey, 1854.

282. Tête diadémée à gauche ; cheveux divisés en trois grosses mèches.

 ℞. — Sanglier à gauche ; dessous, sur la traverse, deux demi-annelets juxtaposés. Por., 3 g. 10

 Pr. — Trouvée dans la tourbière de Boulages, lieu dit *le Moulin*. — Donnée par M. l'abbé Dietté, 1896.

283. *Idem.*   Por., 2 g. 75

 Pr. — Trouvée à Troyes.

284. *Idem.*   Por., 2 g. 18

 Pr. — Châlons-sur-Marne. — Trouvée dans le camp dit d'Attila. — Donnée par M. A. Gayot, 1855.

285. *Idem.*   Por., 3 g. 15

 Pr. — Trouvée dans le département de l'Aube. — Donnée par un anonyme, 1863.

286. *Idem.*   Por., 3 g. 65

 Pr. — Trouvée à Romilly-sur-Seine. — Collect. de M. l'abbé Garnier, 1895.

287. *Idem.*   Por., 3 g. 90

 Pr. — Trouvée dans le bief du moulin de Buxières. — Collect. de M. l'abbé Garnier, 1895.

288. *Idem.*   Por., 3 g. 20

 Pr. — Collect. Bochot, 1878.

289. Tête diadémée, cheveux épars, à gauche.

 ℞. — Sanglier à droite ; dessous, fleuron formé de deux demi-annelets juxtaposés et d'un troisième placé sur les deux autres. Por., 4 g. 47

 Pr. — Trouvée à Châlons-sur-Marne, dans le camp dit d'Attila. — Donnée par M. A. Gayot, 1855.

290. *Idem.*

Ŗ. — Sanglier à gauche ; dessous, fleur de lis. Pot., 4 g. 60
M. Pr. — M. Don., 1855.

Voy. Catalog. des Mon. gaul. de la Bibl. nat., n° 9078,
auquel la monnaie ci-dessus ressemble, moins le point
placé au-dessus de la fleur de lis.

291. *Idem.* — La fleur du lis du Ŗ est surmontée d'un point.　　　　　　　　Pot., 4 g. 45
Pr. — Collect. Bochot, 1878. Achetée par lui
à la vente F. de Boisselet.

Voy. Catalog. des Mon. gaul. de la Bibl. nat., n° 9078.

292. *Idem.*　　　　　　　　　　Pot., 4 g. 45
Pr. — Collect. Bochot, 1878.

293. *Idem.*　　　　　　　　　　Pot., 4 g. 40
Pr. — Collect. Bochot, 1878.

294. *Idem.* — Elle porte encore les bavures du
moule.　　　　　　　　　　Pot., 4 g. 20
Pr. — Collect. Bochot, 1878.

295. *Idem.* — Mal fondue. Cassée.　　Pot., 2 g. 70
Ŗ. — Sous le sanglier, lis en forme de trèfle ; le
globule du sommet plus gros que les deux
autres.
Pr. — Trouvée à Troyes.

296. *Idem.* — Mal fondue.　　　　Pot., 5 g. 70
Ŗ. — Sous le sanglier, fleur de lis.
Pr. — Trouvée à Troyes.

297. *Idem.*　　　　　　　　　　Pot., 3 g. 65
Ŗ. — Sous le sanglier, fleur de lis.
Pr. — Saint-Loup-de-Buffigny. — Acq. 1868.

298. *Idem.* — Mal fondue.　　　　Pot., 5 g. 20
Pr. — Trouvée dans le département de l'Aube.
— Donnée par un anonyme, 1863.

299. Tête diadémée à gauche.
Ŗ. — Sanglier à gauche ; dessous, fleur de lis. Pot., 4 g. 70

Pr. — Trouvée à Somsois (Marne). — Collect.
de M. l'abbé Garnier, 1895.

300. Tête barbare à gauche, diadémée.

R̸. — Sanglier à gauche; dessous, lis en forme
de croix.   Pot., 4 g. 95

Pr. — Trouvée dans le département de l'Aube.
— Donnée par un anonyme, 1863.

301. Tête à gauche diadémée en grenetis; cheveux divisés en quatre grosses mèches. Autour du cou, collier composé de quatre globules.

R̸. — Sanglier à gauche; au-dessous, fleur de
lis.   Pot., 2 g. 95

Pr. — Trouvée au Mesnil-Saint-Loup (Aube). —
Achetée à M. Rousseau, d'Aix-en-Othe, 1884.

Voy. Catalog. des Mon. gaul. de la Bibl. nat., n° 9076,
dont cette médaille est une variante.

302. *Idem.*   Pot., 4 g. 85

S. Pr.

303. Tête à gauche.

R̸. — Sanglier à gauche; dessous, tête humaine
de face.   Pot., 2 g. 95

Pr. — Trouvée à Troyes. — Collect. de M. l'abbé
Garnier, 1895.

Voy. Catalog. des Mon gaul. de la Bibl. nat., n° 9180. —
Des monnaies semblables ont été trouvées à Paris, à
Gury (Oise), à Vendeuil-Caply et à Meaux.

304. Tête à droite, cheveux hérissés.

R̸. — Ours dévorant un homme; rouelle dans
le champ.   Pot., 2 g. 65

Pr. — Collect. Bochot., 1878.

Voy. Catalog. des Mon. gaul. de la Bibl. nat., n° 9194.
— Atlas de M. de La Tour, n° 9194, pl. xxi, au milieu
des monnaies des Silvanectes. — Des monnaies semblables ont été trouvées à Paris, à Meaux et à Vernon.

305.   Tête d'Octave à droite.

℞. — .GERMANVS INDVTILLI. — Taureau
   à gauche. Bordure en grenetis.   Br., 2 g. 42

Pr. — Collect. Bochot, 1878.

Voy. Catalog. des Mon. gaul. de la Bibl. nat., n° 9245. —
   Hucher, *L'Art gaulois*, 1re part., pl. L, n° 2, et 2me p.,
   pl. xxxxi. Il attribue cette monnaie aux Treveri. — Des
   médailles semblables ont été trouvées à Orange, à Compiègne, à Paris, à Boviolles, à Metz et un peu partout,
   sans doute à cause de leur aspect romain qui les faisait
   confondre avec certains petits bronzes d'Auguste. —
   Hermann ou Armonius, fils d'Indutillus, est mentionné
   de l'an 10 avant à l'an 16 après J.-C.

   D'après M. de Longpérier, *Indutillus* appartient à
   une riche famille de noms gaulois terminés en ILLVS,
   et Germanus est son fils, comme Orgetirix celui d'Ate-
   pilus. (Voy. *Revue franç. de num.*, 1860, p. 180. —
   Hucher, même *Revue*, 1867, p. 81. — *Dict. arch., Treviri*, fig. 118.) — M. de Saulcy a lu dans ses exemplaires : INDVTILLI. L. (Lettre, p. 267).

   Jusqu'à nouvel avis, cette monnaie, nous dit M. Anatole
   de Barthélemy, doit être considérée comme appartenant aux Treveri. Elle est certainement du nord-est.

306.   *Idem*.   Br. 2 g. 18

Pr. — Saint-Loup-de-Buffigny. — Acq. de la
   Soc. Acad., 1868.

307.   *Idem*.   Br., 3 g. 15

Pr. — Collect. Bochot, 1878.

308.   *Idem*.   Br., 3 g.

Pr. — Trouvée à Romilly-sur-Seine. — Collect.
   de M. l'abbé Garnier, 1875.

309.   *Idem*. — Mal frappée.   Br., 1 g. 70

Pr. — Collect. Bochot, 1878.

310.   *Idem*. — Percée d'un trou d'attache.   Br., 2 g. 70

Pr. — Trouvée à Troyes.

HELVETII

Peuple celte qui occupait la partie de la Gaule orientale
appelée d'après eux *Helvetia*, et qui avait pour limites le Jura

à l'ouest, le Rhin au nord et à l'est, les Alpes du Valais et le lac Léman au midi. (Cette région correspond aux parties centrale et occidentale de la Suisse actuelle.)

311. Rameau.

  R̂. — Cheval à gauche ; dessus et dessous, point dans un cercle bordé d'un second cercle de perles.   Æ. ,1 g. 46

  Pr. — Trésor de la Villeneuve-au-Roi. — Coll. Bochot, 1878.

  Voy. Catalog. des Mon. gaul. de la Bibl. nat., n° 9322.

BOII

Tribu germaine disséminée en Gaule et en Italie ; elle habitait, au nord des Ædui, la partie méridionale de l'ancien diocèse d'Auxerre, le sud du département de l'Yonne et le nord de celui de la Nièvre. En Germanie, les Boii occupèrent la Bohême, d'où ils furent chassés par les Marcomans, puis la Bavière. Les Boii de la 1ʳᵉ Lyonnaise y furent placés par César. Ils descendaient d'une section des soldats de Sigovèse, qui s'étaient établis sur le Danube, d'où ils revinrent en Gaule avec les Helvetii.

312. Tête d'oiseau à bec crochu. Type déformé.   Or, 6 gr. 40

  R̂. — Globules et annelets.

  Pr. — Trouvée à Brienne-le-Château, dans la plaine en face du château, au milieu des terrains traversés actuellement par le chemin de fer. Elle était avec d'autres objets qui ont disparu avant qu'on ait pu en constater la nature. (Voy. *Dict. archéolog. de la Gaule*, Epoq. celtique, p. 198. — M. Philippe Salmon, *Dict. paléoethnolog. du département de l'Aube*, p. 63.) -- Donnée par M. le prince Eugène de Bauffremont, duc d'Atrisco, 1897.

  Voy. Catalog. des Mon. gaul. de la Bibl. nat., n°ˢ 9420 à 9455.

Cette monnaie appartient à la série des Regenbogen-Schüsselchem, ainsi nommée parce que, sur certains exemplaires, on voit, dit-on, l'image d'un arc-en-ciel. On attribue à la peuplade gauloise des Boïi ces pièces à flan épais et fortement scyphate, qu'on rencontre abondamment entre le Haut-Rhin et le Haut-Danube, en Bohême, en Hongrie, dans l'ancienne Pannonie et aussi en Alsace et jusqu'en Lorraine. Elles seraient relativement modernes et dateraient à peu près de l'an 62 à l'an 8 avant J.-C.

MONNAIES GAULOISES INDÉTERMINÉES

313. Tête à droite; cheveux roulés en grosses mèches.

℞. — Cheval au galop à gauche, surmonté d'un cercle centré en grenetis et de deux têtes de crosses ayant les volutes placées en regard l'une de l'autre.   Or, 1 g. 96

Pr. — Collect. Bochot, 1878.

314. Tête à droite; cheveux ondulés (peut-être tête de Diane ?), dans un cercle en grenetis.

℞. — Loup ou lion, à droite; au-dessus, *quatre* annelets sous une sorte de banderolle ou serpent; au-dessous, un annelet et un serpent semblable à celui du dessus. Bordure en grenetis.   Br., 3 g. 05

Pr. — Collect. de M. l'abbé Garnier, 1895.

315. Tête à droite (la même que la précédente).

℞. — Loup ou lion à droite; au-dessus, *trois* annelets sous une sorte de banderolle ou serpent; dessous, un annelet et une banderolle ou serpent. Bordure en grenetis.   Br., 2 g. 90

Pr. — Trouvée à Saint-Loup de Buffigny. — Acq. de la Soc. Acad., 1868.

316. Rosace (?).

℞. — Rosace (?).   Br., 2 g. 60

Pr. — Collect. Bochot, 1878.

Pl. I.

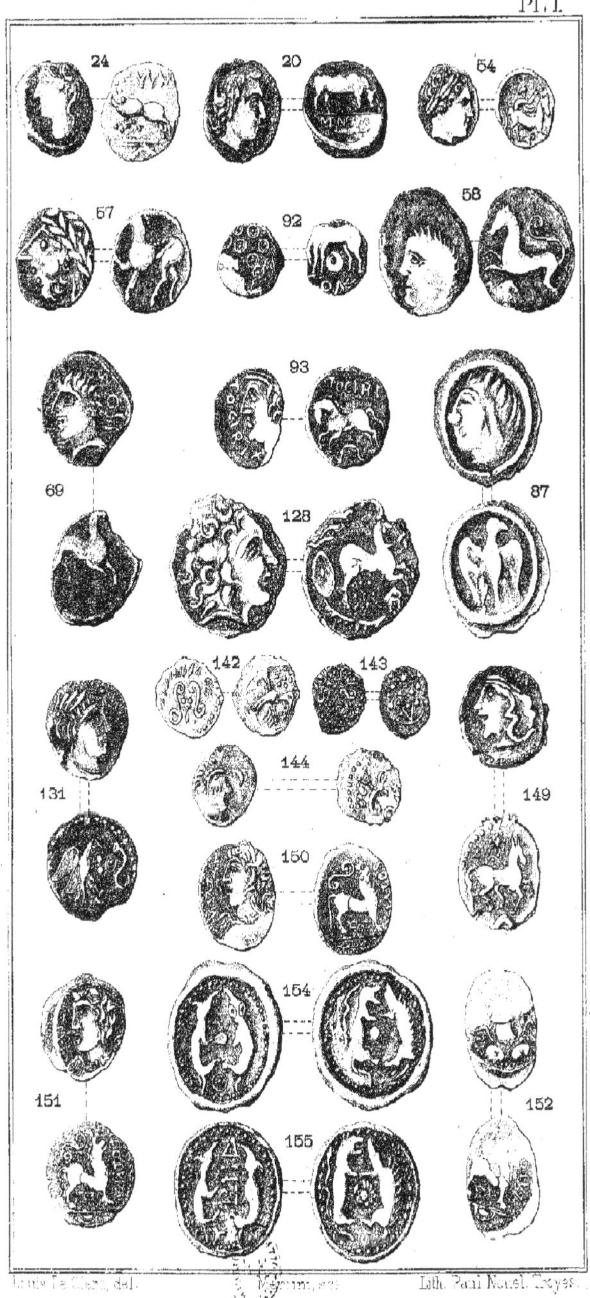

NUMISMATIQUE GAULOISE

PL. II

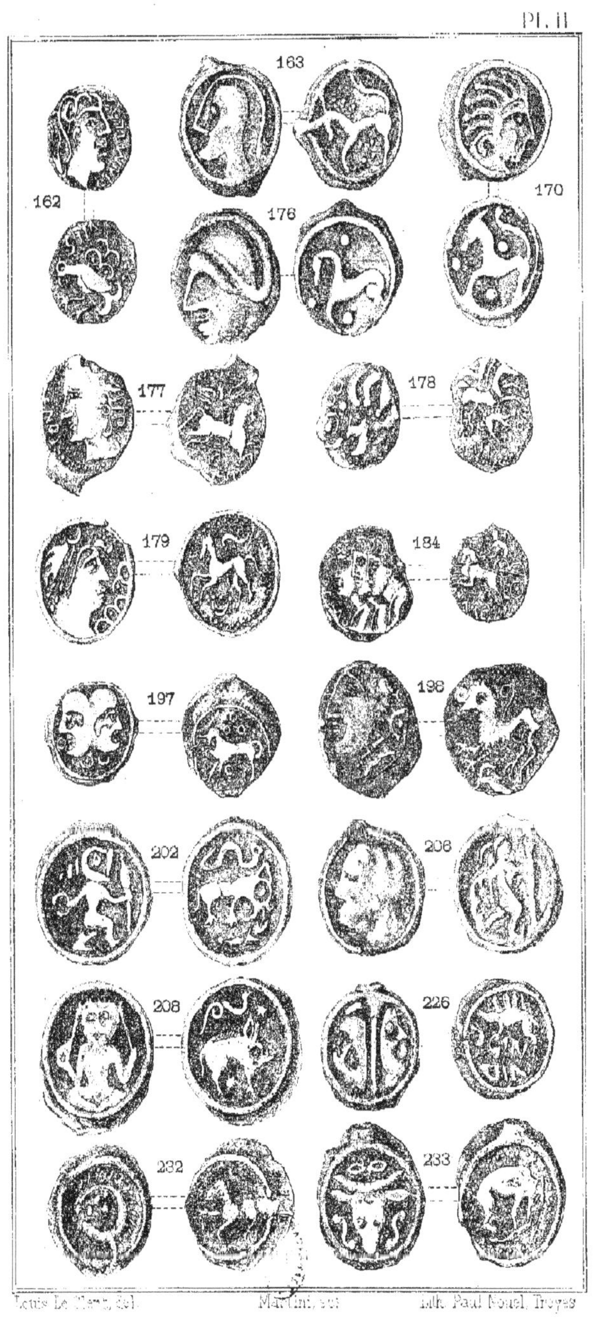

NUMISMATIQUE GAULOISE

PL. III

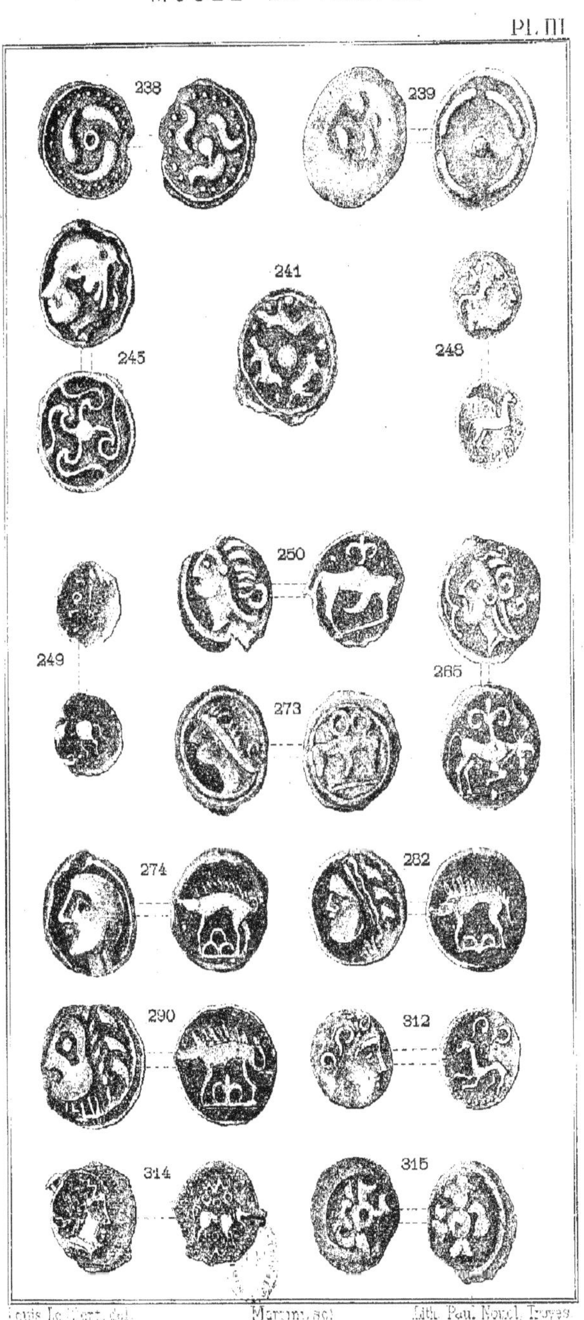

Louis Le Hort, del. Marcou, sc. Lith. Paul Nouel, Troyes

NUMISMATIQUE GAULOISE

TABLE DES MATIÈRES

ERRATA

Page 31, ligne 4. — C'est à tort que Saint-Parres-les-Vaudes est compris dans le territoire considéré comme ayant été rattaché jadis à la tribu des Senones ; il doit figurer parmi les dépendances des Lingons.

Ce sont donc quatorze monnaies des Calètes, et non quinze, qui ont été trouvées dans la région Sénonaise. La monnaie provenant de Saint-Parres-les-Vaudes doit, en conséquence, être comptée parmi celles découvertes chez les Lingons.

N° 63, ℞. — Au lieu de VIIOTAL, lire VIIPOTAL.

N° 218, ℞. — Au lieu de VE, lire ΔE.

Extrait des Mémoires de la Société Académique de l'Aube

Tome LX. — 1896